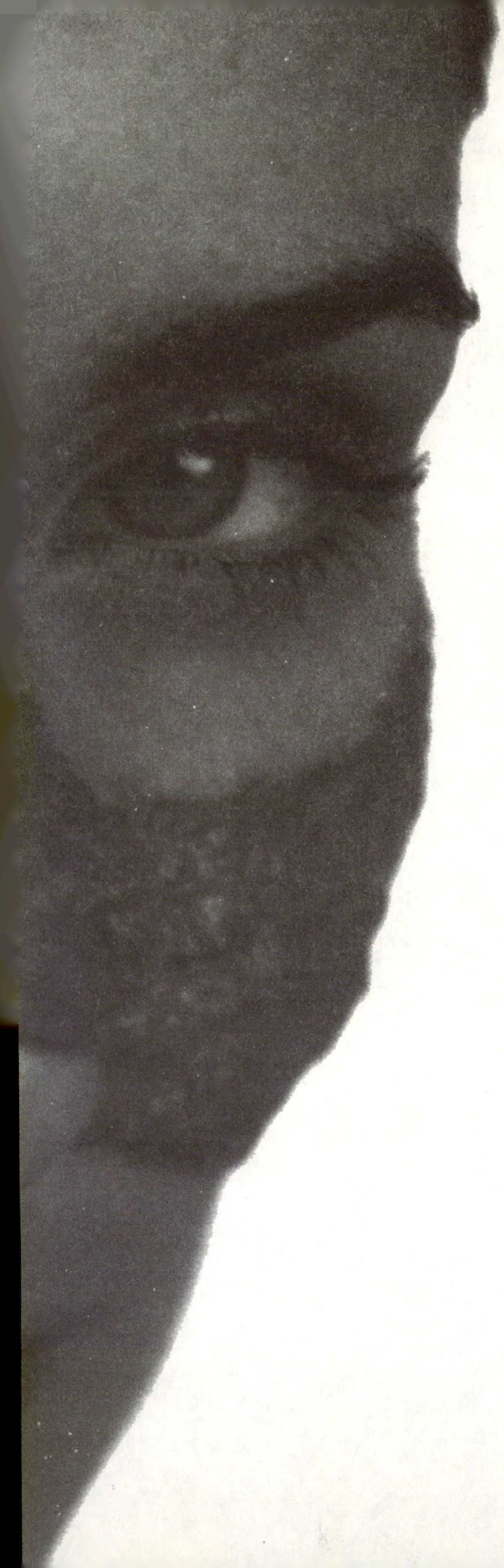

Mükemmel

DOĞAL REÇETELER

maskeler, losyonlar....

Bu akşam yapacağınız

tek bir şey bile

varsa onu deneyin...

Pierre Jean Cousin

Türkçesi:Sibel Karakaya

Platform

Orijinal adı: Natural Recipes for Perfect Skin

1. Baskı : 2003

Baskı: Selmat Matbaası

Genel Dağıtım:

Platform Dizisi Genel Dağıtım

Adres: Alemdar Mah. Salkım Söğüt Sok.
Keskinler İş Merkezi No: 8/305
Tel: (0212) 511 22 28
Faks: (0212) 513 59 71

e-mail: bilimteknikbookstore@hotmail.com

Şube: Cengiz Topel Cad. No: 5/D Eskişehir
Tel: (0222) 232 24 90
Faks: (0222) 220 10 48

İÇİNDEKİLER

cildinize özen göstermek

Vücudunuzun herhangi bir yerindeki derinize mikroskop altında bakın. İşlevlerine göre belirgin farklılıklarına rağmen üç tabaka- epidermis, dermis ve hipodermis tabakaları her zaman görülecektir.

Dış tabaka veya epidermis esas olarak aktif tabakanın altını korumak ve su buharlaşmasını düzenlemek için yapılanmıştır. Nispeten daha dayanıklı hücrelerden oluşan en dış tabakada ölü hücrelerin yenileri ile yer değiştirdiği yoğun bir yenilenme söz konusudur. Hiç kan damarları veya sinir uçları barındırmaz.

Alttaki tabaka dermis, en çalışkan ve ciltteki yaşlanma sürecinin çoğundan sorumlu olan tabakadır. Hissetme, sıcaklık ayarı, salgılama ve dolaşım gibi birçok işlevi kolojen, elastin, sinir uçları, yağ ve tat bezlerinin üst kısmı ve küçük kan damarlarından (veya kılcal damarlardan) oluşan karmaşık bir yapıyı gerektirir. Protein esaslı kolojen lifler cilde esnekliğini vermek için elastin ile birlikte bir takım oluşturur. Yağ bezlerinin yoğunluğu kafa derisi, alın çevresi, ağız ve burunda oluşur ve temel işlevleri, sağlıklı saç ve cilt için vazgeçilmez yağlı salgı üretmektir. Ter bezleri vücutta ki su oranını düzenlediği kadar toksinleri de yok eder.

Dermis'in altında hipodermis, yüksek miktarda su içeren bağlayıcı yağlı dokulardır. Dermis, yağ ve ter bezlerinin ve kıl köklerinin altı kısımlarını içine alır.

YAŞLANMA VE CİLT

Yüzümüzün derisi, onu hava sıcaklığı ve atmosferdeki değişiklikleri izlemek için ve yüz kaslarımızla ifade ve iletişimin önemli bir aracı olarak kullandığımız için vücudumuzun diğer birçok bölümünden daha ince ve hassastır. Bu yüzden yaşlanmanın ilk işaretleri yüzde belirir. Yinede geçen yıllar yüzünden meydana gelen deformasyonun doğal süreci başlangıçta gözle görülmez. Yetişkinliğe ulaştığımız zaman cilt hücrelerinin ömrü dramatik şekilde kısalır: cilt hücresinin ortalama ömrü çocuklarda 100; yetişkinlerde yaklaşık 50 gündür.

20-25 yaşları Yaşlanmanın görülebilir en erken işareti, kırışıklıkların ortaya çıkışıdır. İki çeşit kırışıklık vardır ve süreç içerisinde farklı aşamalar gösterirler. Ortaya çıkma zamanları öncelikle genetik kodlarla belirlenmiştir fakat, önem sırasına göre güneş ışığı, sigara, hava kirliliği ve rüzgar, kuru hava, hızlı hava değişiklikleri veya nem gibi harici faktörler ve beslenme bozuklukları ile hızlandırılır. Kaşların arasında ve gözlerin köşelerinde seyrek çizgiler ve küçük, ince, daha çok yatay çizgiler belirir önce. Bunlar ifade çizgileridir ve gülerken belirginlik kazanır. Hafif çiller varsa aşırı güneşe maruz kalınmış olduğunu gösterir; yaz mevsiminde sayıları artar.

25 - 35 arası Daha yatay yüzeysel ifade çizgileri alında ve muhtemelen ağız çevresinde belirgin hale gelir. İlk sarkık kırışıklıklar- burun deliklerinin dış kenarlarında ve ağız köşelerinde belirsiz dikey çizgiler de belirebilir. Bunlar, yer çekimi yağlı hücrelerin aşağıya doğru göç etmesine neden olduğu için hipodermisde meydana gelen değişimlerin sonucudur. Renginin bir kısmını kaybetmeye başladığı için şimdi, boyunda da hafif bir yumuşama vardır. Cilt pigmentleri aşırı güneş ışığına ani tepkiler verdiği için küçük, düzensiz, kahverengi lekeler görülmeye başlayabilir.

40 yaş Yavaş yavaş ifade kırışıklıkları ve sarkıklar derinleşir ve kalıcı hal alır. Çapraz yatay çizgiler "gerdanlık" oluştururken boyunda ki renk kaybı artar. Boynun hipodermisinde daha az yağ hücresi ve cildi sulu tutmak için gerekli yağ bezleri vardır ve böylece, yetersiz nem, cildi korunmasız bırakır.

45-55 arası kırk beş yaşında kemikler incelmeye ve dermisde elastinin yok olması nedeniyle cilt elastikiyetini kaybetmeye başladığı için yüz çizgileri değişmeye başlar. Bir çok durumda kolojen hala bozulmamıştır ancak, cilt çoktan daha yumuşak ve kurudur. Cildin su tutma yeteneği büyük ölçüde azalmıştır- bir çocuğun cildini olgun bir yetişkininkiyle karşılaştırırsanız üçte bir oranına kadar. Kırk beş yaşından sonra yaşlanma oranı artar. Epidermis daha ince bir hal alır ve elastin kaybolmaya devam ettiği için kolojen yapısı dermo-epidermisin yassılaşmasına neden olarak bozulur.

Bu, çoğunlukla hızlı yaşam tarzı ile özelikle sigara ve uzun süreli güneşe maruz kalmakla hızlandırılır. Hipodermisde ki değişiklikler de yağlı dokuların dağılmasını hızlandırır ve sıvı daha dengesiz hale gelir ve yerçekiminin etkileri sarkma sürecini arttırır.

55 ve 65 arası yağlı dokuların çeneye doğru belirgin sarkması ve sarkan çene, yüzün şeklini değiştirebilir. Yüzde ve boyunda ki cilt dokusu incelir. Kolojenin dağılması devam eder ve dermisde ki elastinin yenilenmesinden sorumlu hücreler hep birlikte yok olur.

65 sonrası ciltte yapısal değişiklikler meydana gelir, işlevleri de değişmiştir. İyileşme süreci daha uzun sürer, bereler daha sık meydana gelir, artık ürünler daha yavaş yok edilir, hassasiyet azalır ve kan dolaşımı daha az etkindir. Zamanla cilt, enfeksiyonlara karşı daha zayıf bir hal alır ve sonuç olarak D vitamini üretimi kadar, güneşe karşı korunma da zayıflar.

Yaşlanma genetik olarak belirlenmiş ve geri alınmaz bir süreçtir ve şeker ve atardamarlarda ki yağlı bezeler gibi kronik hastalıklar ile hızlanabilir fakat, kötüleştirici faktörleri mümkün olduğunca yok etmek ve cildin üç tabakasının hem yapısal hem de işlevsel bütünlüğünü korumak önemlidir.

Stres, hava kirliliği ve hormon dengesinde ki değişiklikler cildin erken yaşlanmasına katkıda bulunabilir ancak, son yıllardaki araştırmalar düzenli sigara içenlerin sigara içmeyenlere göre daha hızlı yaşlandığını gösterir. Meydana gelen hasar dermisdedir. Elastin ve kolojen daha hızlı deforme olur ve hayati oksijen ve besleyici elementlerin temini nikotinin gri, solgun bir cilt yaratmak için kan damarları ile anlaşması ile azalır. Yine de günümüzde cildin en büyük düşmanı güneştir.

GÜNEŞ VE CİLT

Cildin yaşlanmasında en önemli harici faktör, güneşin zararlı ışınlarına aşırı maruz kalmaktır. Bir miktar güneş ışığı faydalıdır- sağlıklı kemiklerin oluşması ve korunması için gerekli olan D vitamininin üretimini harekete geçirir- fakat düzenli, uzun süreli güneş banyosu ve ultraviyole ışınlarına maruz kalmak korkunç hasar vericidir. Ve tehlike son yıllarda ozon tabakasında ki aşınma yüzünden belirgin şekilde artmıştır.

İki çeşit ultraviyole ışını bulunmaktadır. UVB kısa dalga ışınlar cildin dış tabakalarını yakar. UVB'nin sadece % 10'u dermise ulaşır fakat, hızlı ve erken ayrılma ve belirgin esneklik kaybına neden olarak kolojen-elastin bütünlüğünün üzerine doğru hareket eder. Alçak bölgelerde ve yüksek bölgelerde en güçlü UVA uzun dalga ışınlarının daha çok yaşlanma ile sona eren çizgilerin oluşumu ve esneklik kaybı sürecine katkıda bulunarak, cildin içine daha derinden nüfuz ettiği bilinir. UVB ışınlarının güneş yanığına ve birçok cilt kanserine sebep olduğu düşünülse bile – cilt kanserlerinin % 90'dan fazlası UVB korunmasızlığına atfedilir - UVA ışınlarının da cilt kanserinin nedenlerinde rol oynaması mümkündür.

Neredeyse tüm güneş korumaları UVB ışınlarına karşı korur, fakat UVA ışınlarından korunmak için hiçbir şey bulunmaz. Yüksek güneş koruma faktörü (SPF) sunan– cildi koruma ve güneş yanıklarını önleme becerisini ölçen standart - güneş koruması bile cildinizi UVA ışınlarının zararlarına karşı zayıf bırakır. Bazı araştırmacılar UVA koruma reklamı yapan güneş korumalarının gerçekte UVA ışınlarına karşı 3 veya 4 koruma sağladıklarını hesaplarlar; daha yüksek belirtilen SPF figürü sadece UVB ışınlarına karşı koruma ile ilgilidir.

GÜNEŞ KORUMALARININ SEÇİMİ

Aynı cilt tipinde ki insanlar bile tabii ki farklı ölçülerde yanarlar. Öyleyse güneşe karşı az veya çok hassas olduğunuza karar verip uygun ölçüleri kullanmalısınız. Tavsiyeler çoktur. Vücudu kaplayan ve yüzü gölgeleyen kıyafetler giyin. Yüzdükten sonra vücudunuzun güneş gören her yerine, bulutlu günlerde bile uygun bir güneş korumayı iki saatte bir tekrarlayarak uygulayın. Güneşte kalmayı sabah $10.^{00}$ ile $3.^{00}$ arasında sınırlayın. Güneş lambaları veya bronzlaşma salonları vasıtasıyla gereksiz radyasyona maruz kalmayın.

Bir sayfa sonra ki tablo bütün cilt tiplerin minimum korunması için gerekli temel noktaları gösterir.

saç rengi	cilt rengi	çillenme riski	güneş yanığı riski	bronzlaşma tipi	tavsiye edilen koruma
beyaz	albino	o	● ● ● ● ●	bronzlaşma görülmez; sancılı kırmızı güneş yanığı kabarma ve soyulma	güneşi engellemek
kırmızı	beyaz	● ● ● ● ●	● ● ● ●	yukarıdaki gibi	güneşi engellemek
açık	açık	● ● ● ●	● ● ●	küçük pembe ve kırmızı yanıklardan sonra çok açık	güneşi engellemek
açık	açık	● ● ●	● ●	açık	SPF20-25
açık kahve	hafif siyah	o	● ●	koyu	SPF20-25
orta kahve	hafif siyah	o	●	koyu	SPF15
koyu kahve	siyah	o	o	çok koyu	SPF10
siyah	siyah	o	o	siyah	Hiçbiri
● ● ● ● ● =	maksimum risk	o =	minimum risk	SPF30=	güneşe çıkmamak veya tam koruma

Yüksek korumalı güneş korumalar, riskleri azaltmak isteyenler için, özelikle yüksek yerlerde yaşıyorlar veya tatil yapıyorlarsa, açık havada çalışıyorlarsa veya çok terliyorlarsa faydalıdır. Tatilde örneğin, tüm açık tenli insanların güneşi engellemeleri tavsiye edilir; biraz daha koyu tenli insanlar ilk birkaç gün güneşi engellemeli veya SPF30 daha sonra SPF25; koyu tenli insanlar SPF20 ile omuzlarda ve yüzde SPF25 kullanmalıdır.

Güvende olmak için koruma kremi üzerinde belirtilenin her zaman yarısını kabul edin. Örneğin 10 faktör etiketli bir krem, belirli cilt tipleri ve harici durumlar için (rüzgar, kremin tuzlu suyla karışması veya yoğun terleme) gerçekte sadece 5 faktör koruma sağlayabilir. Ayrıca Amerika'da ki SPF standartları Avrupa'da kullanılanlardan farklıdır ve az korumalı bronzlaşma- SPF 2'ye eşit gözüyle bakılır.

CİLT TİPLERİ

Her kişisel cilt koruma programında ilk adım hangi cilt tipinde olduğunuzu belirlemektir. Beş ana grup vardır ve basit bir doku testi (bkn. Sayfa 12) sizin hangisine ait olduğunuzu belirleyecektir. Sonuçtan emin olsanız bile testi yapmaya değer. Sağlık, zaman, çevre, hatta mevsimler cildin durumunda geçici veya kalıcı değişikliklere sebep olabilir. Aslında testi her altı ayda tekrarlamanızı tavsiye ederiz.

Normal cilt Dayanıklı, esnek, sıcak, ne kuru ne de yağlı; lekesiz. Soluk normal cilt pembemsi olacaktır. Normal cilt ortalama, doğal 6.5 pH seviyesi ile ne çok asitlidir ne de çok alkalinlidir.

Kuru cilt (tabii ki) Kuru ve genelde sıcaktır; pullanma, yüzeysel çizgiler ve renksiz görünüm. Bu daha asitli olan grup soğukta ve rüzgarda tahriş olur, sıcakta kızarır ve klimalara karşı hassastır. Nemlendirme son derece önemlidir.

Karma cilt Alında, burun yanlarında, ağız ve çene çevresinde parlak ve yağlı olan kuru cilttir. Bazı bölgeler yoğun nemlendiriciye ihtiyaç duyarken diğer bölgeler yoğun kurutma uygulamalarına ihtiyaç duyar.

Yaşlanan cilt Kurumaya meyilli, sıcaklık, renk ve esneklik kaybı olan cilttir- bir çimdik atmak kendini ne kadar hızlı yenilediğini gösterecektir; bazen lekeli, hasarlı veya kırmızıdır (dermisdeki damarların genişlemesi yüzünden kalıtsal kırmızılık). Yaşlanan cilt temizleyici ve gözenekleri sıkılaştırıcı, sulandırıcı losyonlar ve besleyici maskeler ile yoğun ilgiye ihtiyaç duyar.

Diğer iki cilt tipinden de sıkça bahsedilecektir: hassas ve hasarlı ciltler. 'Hassas cilt' sıcaklık ve nem değişimlerine hızlı ve ters tepki veren ve kolayca berelenen ciltleri tarif etmek için kullanılır; birçok kozmetik ürüne alerjiktirler de. Bir cildin kabusudur ve yoğun ilgi ister. 'Hasarlı cilt' her zaman dokusu ve/veya görüntüsü sivilce veya egzama gibi nedenlerle değişmiş bölgeyi tarif eder. Kuru, yağlı veya karma olsun hasarlı cilt bazı iltihaplanma, pullanma, incelme veya yaralanma gösterecektir; bu bölgeler için özel bakım gerekir (bkn. sayfa 120).

DOKU TESTİ

Bunun için kesinlikle temiz bir yüze ihtiyacınız olacak, bu yüzden makyajınızı temizleyin ve yüzünüzü ılık su ve pamuk kullanarak silin. Havluyla hafifçe kuruladıktan sonra yüzünüzü kağıt peçete ile kaplamadan önce yarım saat bekleyin. Bütün yüzünüze hafifçe bastırın ve 1 dakika bekleyin. Sonra peçeteyi dikkatlice kaldırın ve bir pencere veya ışığın yanında kontrol edin.

Normal cilt Peçetenin çoğu yerinde yağlı izler bırakır.

Kuru cilt Yağlı lekeler yoktur: cilt yaşlanırken genelde kurur.

Yağlı cilt Peçetenin çoğu yerinde belirgin yağ kalıntıları olur.

Karma cilt Burun kenarlarında, ağız ve alın çevresinde yağlı lekeler olur.

TEMEL CİLT BAKIMI

Cilt bakımının üç önemli konusu iyi bilinmektedir ve başlamak için asla erken değildir. Gerçekte ergenler ve gençler ciltlerine özel ilgi göstermelidir. Hafif bir problem- birkaç nokta, küçük bir isilik veya egzama- ihmal edilirse, yaraya kadar giden şiddetli bir hal alabilir.

Temizlik İyi bir temizlik, mümkün olduğunca çok doğal yağ (veya yağlı salgı) bırakarak epidermisin yüzeyinde ki makyaj kalıntılarını olduğu kadar bakteri ve ölü hücreleri de toplar. Bu yüzden temizleyici hassas ve doğal olmalıdır. Yüzünüze motor yağı bulaşmadıkça sabun ve su ile ovalamanın faydası yoktur: sert sabunlar ve ovalama, sadece cildin yaşamsal yağlarını ve besinlerini yok eder. Losyon genelde günlük temizlik için yeterlidir. Daha derinden temizlik için yağlı ciltlerde belirli aralıklarda bir kez veya daha sık kil, meyve veya yulaf özlü temizleme maskesi veya biraz buhar kullanılmalıdır.

Besleme özelikle kuru ve yaşlanan ciltler, bakım ve normal canlılığı yeniden oluşturmak için ilave yağlı maddeler olduğu kadar mineraller ve az miktarda gerekli vitaminlere ihtiyaç duyar.

Gözenekleri sıkılaştırmak yine kuru cildin elastikiyetini ve yaşlanan cildi korumak için özelikle önemlidir. Aynı zamanda ciltte ki sıvı düzeyini normal düzeyde tutmak için son derece önemlidir. Bu nedenle bu kitaptaki doğal temizleme ve sıkılaştırma reçeteleri (gözenekleri kapamak ve su kaybını azaltmak için) sıkılaştırıcı ve nemlendirici etkenleri içerir.

Bazı geleneksel cilt bakım programları bu hayati üç adımı farklı sıralarda sunabilir: temizlik, sıkılaştırmak ve sonra beslemek. Doğal koruma programları cildi besledikten sonra gözenekleri kapatmanın faydalı olduğu inancına dayanır. Beslemeye ihtiyacı olan herkes en iyi rutin uygulamayı hatırlar: temizlik, besleme ve sonra sıkılaştırmak.

DOĞAL CİLT BAKIM PROGRAMINA BAŞLAMAK

Bu kitapta verilen reçetelerin hepsi, bu üç görevden en azından birini yerine getirir. Çoğu, faydalı etkilerin kombinasyonunu sunar. Cilt tipinizi bir kez tespit ettikten sonra reçete bölümünü keşfetmeye hazırsınız. Her reçetenin altında ki özet, temel etkileri ve uygun cilt tiplerini kısaca gösterir. Temel teknikler, masaj ve bitkisel yağların uygulanmasını (bkn. sayfa 20-47) içeren bir sonra ki bölümde daha detaylı açıklanmıştır. Bu bölümde de denenecek başka reçeteler bulunmaktadır. Kitap genel cilt durumlarına ayrılmış bölümle sona erer ve burada da programlar ve ilave reçeteler vardır.

Bütün reçetelerin hazırlanması kolaydır ancak çoğu, en uygun cilt bakım programı içinde düzenli olarak uygulanmalıdır. İlerleyen sayfalar temel cilt tipleri ve hassas ciltler için programlar sunar. İşleyen bir rutine oturttuktan sonra diğer uygun reçeteleri ve tedavileri –her seferinde birini- deneyiniz. Kısa bir sürede sizin için faydalı olanı bulacaksınız.

normal cilt

Günlük olarak papatya çayı gibi (bkn. sayfa 30) yumuşak bir temizleyici kullanın. Ölü hücreleri yok etmek ve yenilenmeyi desteklemek için her iki haftada bir kez temizleyici veya besleyici kil, meyve veya yulaf maskesi uygulanabilir fakat, güçlü meyve maskelerinde (turunç suyu, papaya, çilek veya domates içeren) dikkatli olun. Yazın veya rüzgara maruz kaldıktan sonra bitkisel buz küpleri (sayfa 32) kullanın.

Sulu bitkisel çözeltiler: papatya, mısır çiçeği, lavanta, portakal çiçeği, biberiye, gülsuyu. Temizleme, maske düzeni ve bitkisel buz küpleri için bkn. sayfa 13-19). Bal ve salatalık sütü (sayfa 54) gülsuyu, bal limon losyonu (sayfa 111) ve elma kolonyası (sayfa 104) gibi sulandıran veya sıkılaştırıcı katkı maddeleri içeren reçeteleri kullanmaya başlayın. Kozmetik sirkede (sayfa 46) iyidir.

Bitkisel yağlar: papatya, solucan otu, lavanta, niaouli*, idris otu, biberiye, gül otto, gül ağacı.

Taşıyıcı yağlar: fındık, zeytin, tatlı badem.

Sulu bitkisel çözeltiler: bkn. Sayfa 13-19.
Günlük olarak su sağlayıcı ve dengeleyici katkı maddeleri (bkn. sayfa 13-19 ve 20-30) içeren hassas bir temizleyici kullanın ve sonrasında gülsuyu ve cadı fındığı temizleyici (bkn. sayfa 62), elma kolonyası (bkn. sayfa 104) veya gülsuyu sıkılaştırıcı losyonu (bkn. sayfa 106) yumuşak temizleyici ve sıkılaştırıcı kullanın. Uygun bir yağ karışımı ile (bkn. sayfa 34-44) günde bir kez yüz ve boynunuza masaj yapın. Turunç suyu (portakal, greyfurt veya limon), süt ürünleri veya bal içeren bir temizleyici ve sıkılaştırıcı maske seçin ve hafta bir kez uygulayın.

Bitkisel yağlar: bkn. 20-30

Taşıyıcı yağlar: bkn. 20-30 ve kayısı çekirdeği, ıhlamur çiçeği, buğday özü.

Sulu bitkisel çözeltiler: bkn. sayfa 13-19
Temizleyici, sıkılaştırıcı ve masaj ile günlük düzen için bkn. sayfa 30-40. Haftada bir kez bir dizi sıkılaştırıcı ve besleyici maske ve losyonu dönüşümlü olarak kullanın. Bu cilt tipi için çok yıpratıcı olabilecek papaya veya domates gibi deriyi soyan katkı maddeleri kullanmayın, zembil yağı, eşek otu yağı, buğday içi veya E vitamini yağı içeren besleyici reçetelere ağırlık verin.

Bitkisel yağlar: bkn. sayfa 13-19, niaouli yerine adaçayı, servi ve frankisen.

Taşıyıcı yağlar: bkn. sayfa 13-19 ve 20-30 ve makadan cevizi.
Sulu bitkisel çözeltiler: papatya, adaçayı, biberiye, gülsuyu, cadı fındığı.
Bkn. yaşlanan cilt

---

* «Hindistan'da yetişen ve yaprak dökmeyen bir ağaç türünden elde edilen keskin yağ.»

kuru cilt

Günlük olarak badem sütü gibi (bkn. sayfa 50) yumuşak bir temizleyici kullanın. Buhar kullanmayın ancak, kompresler ve bitkisel buz küpleri (bkn. sayfa 67) her zaman kullanılabilir. Haftada bir veya iki kez sulandıran kuş üzümü ve besleyici muz, meyve maskelerini dönüşümlü olarak kullanın. Yulaf ve limon suyu maskesi (bkn. sayfa 67) ölü hücreleri yok etmek için her iki haftada bir kez kullanılabilir. Yoğurt ve havuç suyu (bkn. sayfa 76) da cildi beslemek ve pH korumak için mükemmel bir yoldur. 2 yemek kaşığı zeytin yağı veya tatlı badem yağı ekleyerek kil ve salatalık reçetesini (bkn. sayfa 55) deneyin. Temizleyici, sıkılaştırıcı ve masaj ile günlük bakım için bkn. sayfa 34-44.

Bitkisel yağlar: papatya, solucan otu, lavanta, idris otu, biberiye, gül otto, gül ağacı.

Taşıyıcı yağlar: zeytin, tatlı badem.

Sulu bitkisel çözeltiler: portakal çiçeği, biberiye, gülsuyu.

bkn. sayfa 13-19. Bal ve salatalık temizleme sütü (bkn. sayfa 54) günlük kullanılabilecek bir başka hassas temizleyicidir.

Bitkisel yağlar: bkn. sayfa 13-19, frankisen, portakal çiçeği.

Taşıyıcı yağlar: kayısı çekirdeği, makadan cevizi, zeytin, buğday özü.

Sulu bitkisel çözeltiler: adaçayı, biberiye, gül ağacı.

Günlük temizlik için bkn. sayfa 13-19 ve 20-30, kil ve salatalık temizleme maskesi ve buhar, kompres, buz küpleri ve masaj tavsiyelerine bakın. Avokado, muz, kuşüzümü ve üzüm içeren besleyici, sulandıran ve sıkılaştıran maskeleri haftada bir kez dönüşümlü kullanın. 1 çay kaşığı limon suyu ilave edilmiş basit bir yulaf maskesi (bkn. sayfa 27) ölü hücreleri yok etmek, sıkılaştırmak ve yenilenmeyi hızlandırmak için zaman zaman kullanılabilir. Deniz yosunu maskesi (bkn. sayfa 74) ve iyileştirici maske (bkn. sayfa 89) de cildin beslenmesi ve canlanması için mükemmeldir. Besleyici (bal ve kaymak) ile sıkılaştırıcı (limon ve yumurta akı) katkı maddeleri içeren her reçeteyi deneyin.

Bitkisel yağlar: bkn. sayfa 20-30, lavanta hariç

Taşıyıcı yağlar: bkn. sayfa 20-30 ve zembil

Sulu bitkisel çözeltiler: bkn. sayfa 20-30 ve papatya, mısır çiçeği, cadı fındığı.

Bkn. yaşlanan cilt

yağlı cilt

Günlük olarak gülsuyu ve limon suyu (bkn. sayfa 59) gibi basit bir temizleme losyonu veya papatya çayı (bkn. sayfa 30) kullanın. Bu ve haftada bir kez buhar banyosu, tıkanmış gözenekleri açmak, iltihaplanma ve cilt altında yağlı bezeleri engellemek için ihtiyaç duyulan tek şey olabilir. Her bir veya iki haftada bir salatalık suyu ile hazırlanmış kil maskesi (bkn. sayfa 55) veya papatya çayı (bkn. sayfa 30) uygulayın ve ayda birden fazla olmamak üzere portakal veya greyfurt suyu kullanmayı veya kil maskesini veya ahududu veya domates içeren meyve maskesini deneyin. Kozmetik sirke (bkn. sayfa 46) de faydalıdır. Uygun yağ karışımı (bkn. sayfa 34-44) ile yüz ve boyuna masaj yapın.

Bitkisel yağlar: sedir ağacı, papatya, servi, ardıç, lavanta, limon, mandalina, paçuli, gül ağacı

Taşıyıcı yağlar: altıncık, fındık, binbirdirek otu (yara otu), jojobo, zeytin, tatlı badem

Sulu bitkisel çözeltiler: papatya, lavanta, portakal çiçeği, gülsuyu

bkn. sayfa 13-19. Derinden temizlik için ve siyah noktalar için ananas (bkn. sayfa 65) veya papaya deri soyucu kullanın.

Bitkisel yağlar, Taşıyıcı yağlar, Sulu bitkisel çözeltiler: bkn. sayfa 13-19 ve 20-30.

Bitkisel yağlar: bkn. sayfa 13-19, niaouli ve çay ağacı

Taşıyıcı yağlar ve sulu bitkisel çözeltiler: bkn. sayfa 13-19

Günlük olarak badem (bkn. sayfa 50) veya bal ve salatalık sütü (bkn. sayfa 54) gibi hassas bir temizleyici kullanın ve masaja devam edin. Her iki haftada bir buhar (bkn. sayfa 33); kompres veya buz küpleri (bkn. sayfa 30-32) sık sık kullanılabilir. 1 yemek kaşığı zembil yağı ilave edilmiş kil ve salatalık temizleme maskesini (bkn. sayfa 55) deneyin. Besleyici muz veya sulandıran kuş üzümü meyve maskesini haftada bir kez ve limon sulu yulaf maskesini (bkn. sayfa 27) yenilenmeyi hızlandırmak için iki veya üç haftada bir kez kullanın. Temizleyici ve sıkılaştırıcı ve yoğurt, kaymak ve bal kullanan reçeteleri deneyin.

Bitkisel yağlar: papatya, adaçayı, servi, frankisen, solucan otu, lavanta, limon, mürsafi, biberiye, gül otto, gül ağacı

Taşıyıcı yağlar: kayısı çekirdeği, makadan cevizi, zeytin, buğday özü.

Sulu bitkisel çözeltiler: papatya, adaçayı, mısır-çiçeği, portakal çiçeği, biberiye, gülsuyu.

Bkn. yaşlanan cilt

karma cilt

Yağlı bölgeleri kontrol etmek için haftalık buhar (bkn. sayfa 33) fakat, günlük olarak da badem sütü (bkn. sayfa 50) veya papatya çayı (bkn. sayfa 30) gibi yumuşak bir temizleyici kullanın. Haftada bir veya iki kez salatalık suyu ile yapılan kil maskesi (bkn. sayfa 55) ve ayda bir kez papatya çayı ve portakal veya greyfurt suyu veya ahududu veya domates maskesi uygulayın. Uygun yağ karışımı (bkn. sayfa 34-44) ile yüz ve boyuna masaj yapın.

Bitkisel yağlar: sedir ağacı, papatya, servi, lavanta, limon, mandalina, portakal çiçeği, paçuli, gül ağacı.

Taşıyıcı yağlar: altıncık, fındık, binbirdirek otu (yara otu), jojoba, zeytin, tatlı badem.

Sulu bitkisel çözeltiler: papatya, lavanta, portakal çiçeği, gül suyu.

Badem sütü (bkn. sayfa 50) gülsuyu ve limon suyu veya kil sütü (bkn. sayfa 58) cildi günlük olarak temizler. Haftada bir kez buhar (bkn. sayfa 33) ve su değil ancak havuç suyu ile hazırlanmış kil maskesi (bkn. sayfa 22-24) uygulayın veya yoğurt veya yulaf esaslı maskeleri deneyin. Her iki veya üç haftada kil ve turunç suyu veya meyve maskesi bkn. sayfa 13-19 uygulayın. Kozmetik sirke de (bkn. sayfa 46) faydalıdır.

Bitkisel yağlar, taşıyıcı yağlar, sulu bitkisel çözeltiler: bkn. sayfa 13-19
Temizleme sütü hariç günlük temizleme, masaj, meyve maskeleri ve kozmetik sirke için bkn. sayfa 20-30. Haftada bir kez su değil ancak, havuç suyu ile hazırlanmış kil maskesi (bkn. sayfa 22-24) veya solucan otu yağı ile maske (bkn. sayfa 73) veya yoğurt veya yulaf esaslı maske uygulayın. Düzenli olarak arpa ve biberiye losyonu (bkn. Sayfa 108) taze sıkılmış sıkılaştırıcı (bkn. sayfa 110) veya yoğurt ve kuş üzümü maskesi (bkn. sayfa 99) gibi bir sıkılaştırıcı maske veya losyon kullanmayı düşünün.

Bitkisel yağlar, taşıyıcı yağlar, sulu bitkisel çözeltiler: bkn. sayfa 13-19
Karma ciltler kurumaya meyillidir. Günlük temizlik, masaj ve kozmetik sirke için bkn. sayfa 20-30. Haftalık maskeler için bkn. 30-40. Her iki veya üç haftada bir ana karışıma 2 yemek kaşığı doğranmış maydanoz ilave edilmiş ekstra besleyici kil maskesi (bkn. sayfa 23) veya deniz yosunu canlandırıcı (bkn. sayfa 74) deneyin. Düzenli sıkılaştırma için bkn. sayfa 30-40.

Bitkisel yağlar: bkn. sayfa 13-19, mandalina yerine adaçayı, frankisen, solucan otu kullanın.

Taşıyıcı yağlar: bkn. sayfa 13-19, zembil

Sulu bitkisel çözeltiler: bkn. sayfa 13-19 adaçayı.

Bkn. yaşlanan cilt

yaşlanan cilt

Erken yaşlanma belirtileri gösteren cilt için yoğun beslenme ve sıkılaştırıcı şarttır. Günlük olarak gül suyu ve limon suyu (bkn. sayfa 59) veya gülsuyu ve cadı fındığı (bkn. sayfa 62) gibi sıkılaştırıcı ve temizleyici kullanın. Haftada iki kez deniz yosunu canlandırıcı maske (bkn. sayfa 74), yaşlanmaya karşı muz maskesi (bkn. sayfa 72), yüksek besin ve vitamin maskesi (bkn. sayfa 88) veya badem ve yumurta akı (bkn. sayfa 81) gibi besleyici bir maske yapın. Mümkünse taze sıkılmış temizleyici ve sıkılaştırıcı (bkn. sayfa 110) veya salatalık ve sirke losyonu (bkn. sayfa 107) gibi günlük bir temizleştirici ve sıkılaştırıcı veya havalandırıcı ve sulandıran maskelerden birini kullanın. Yüzünüzü yıkarken veya banyoda kozmetik sirke (bkn. sayfa 46) kullanın. Günlük masaj veya bitkisel yağların uygulanması, su kaybına karşı savaşmanın önemli bir parçası haline gelir (bkn. sayfa 34-44).

Bitkisel yağlar: sedir ağacı, papatya, adaçayı, servi, frankisen, solucan otu, lavanta, mürsafi, idris otu, gül otto, gül ağacı, sandal ağacı.

Taşıyıcı yağlar: kayısı çekirdeği, zembil, eşek otu, fındık, binbirdirek otu (yara otu), ıhlamur çiçeği, makadan cevizi, zeytin, rosehip tohumu, buğday özü.

Sulu bitkisel çözeltiler: papatya, adaçayı, mısır çiçeği, portakal çiçeği, gül suyu. Bkn. sayfa 30-40 Bitkisel yağlar, taşıyıcı yağlar, sulu bitkisel çözeltiler: bkn. 30-40

Bkn. 30-40. Günlük masaj için yağ karışımı 50ml. Kuşburnu çekirdeği ve birleştirici taşıyıcı olarak 50ml. Ihlamur çiçeği, bulunamıyorsa binbirdirek otu (yara otu) veya zeytin yağı artı 2ml. adaçayı, 1ml. Solucan otu, 1ml. Frankisen ve 1 ml. Sandal ağacı bitkisel yağlarının karışımından hazırlanmalıdır.

Bitkisel yağlar, taşıyıcı yağlar, sulu bitkisel çözeltiler: bkn. 30-40

hassas cilt

Yüzünüzü yıkarken günlük olarak geleneksel badem sütünün (bkn. sayfa 50) arkasından papatya çayı (bkn. sayfa 30) veya bal ve salatalık temizleme sütü (bkn. sayfa 54) kullanın. Aşağıda listelenen sulu çözeltiler bitkiselçözeltiler istenilen sıklıkta kullanılabilir (ayrıca bkn. sayfa 45). Taşıyıcı olarak zeytin yağı kullanarak lavanta, gül ağacı ve çay ağacından yağ karışımı yapın ve yüz ve boyuna günde bir kez masaj yapın (bkn. sayfa 34-44). Hassas bir cilt için çok sert olacak çilek, domates veya papaya içeren maskelere karşı dikkatli olun, fakat her iki haftada bir yulaf ve limon suyu maskesini, cadı fındığı yerine papatya çayı kullanarak (bkn. sayfa 67) uygulayın. Yüzünüzü yıkarken veya banyoda kozmetik sirke kullanın.

Bitkisel yağlar: sedir ağacı, papatya, servi, lavanta, limon, gül ağacı, çay ağacı

Taşıyıcı yağlar: altıncık, fındık, zeytin, tatlı badem

Sulu bitkisel çözeltiler: papatya, mısır çiçeği, lavanta, portakal çiçeği, gül suyu.

Bkn. sayfa 13-19. Haftada bir kez uyguladığınız maskeyi papatya çayı ile yulaf ve limon suyu maskesi (bkn. sayfa 67 DEĞİŞİM) kullanarak, yoğurt ve havuç suyu gibi hafif besleyici maskeler (bkn. sayfa 76) veya sıkılaştırıcı yoğurt veya kuşüzümü (bkn. sayfa 99) maskeleri ile dönüşümlü olarak kullanın.

Bitkisel yağlar: bkn. sayfa 13-19, frankisen

Taşıyıcı yağlar: bkn. sayfa 13-19

Sulu bitkisel çözeltiler: bkn. sayfa 13-19

20-30 yaşlar altında alternatif maskeler ilave ederek bkn. sayfa 13-19. Gül suyu ve limon suyu gibi sıkılaştırıcı ve temizleyici ➡(bkn. sayfa 59) her gün kullanılabilir.

Bitkisel yağlar: bkn. sayfa 13-19, frankisen

Taşıyıcı yağlar: bkn. sayfa 13-19, zembil veya eşek otu

Sulu bitkisel çözeltiler: bkn. sayfa 13-19

Bkn. yaşlanan cilt

temel teknikler

Maskeler ve losyonlar

Bu kitapta ki maskeler ve losyonlar kısa ve uzun vadeli doğal cilt bakımı için ihtiyacınız olan tüm temel teknikleri sunar. Cilt ürünlerinizi basit, mevsime göre çiğ katkı maddelerinden kullanmanız demek, günümüz ticari kozmetiklerin çoğunda kullanılan sentetik benzerlerinden cildinize daha faydalı olan doğal maddeler karışımının hemen ve direkt olarak girişi demektir. Ve bu reçeteler o kadar pahalı olmadığı ve hazırlanması kolay olduğu için haftadan haftaya, mevsimden mevsime, cildinizin mevcut durumuna uygun cilt bakım programı oluşturmanıza imkan sunar.

Kil

Kil, cilt bakımında çok yönlü bir maddedir. Derin bir temizleyici olarak kil, kiri epidermisin derinliklerinden dışarı çıkarır. Besleyici olarak kil, sağlıklı cildin devamlılığı için önemli olan iz elementleri sağlar. Temizleyici ve sıkılaştırıcı olarak kilin güçlü faaliyeti, en iyi limon suyu veya su içeren katkı maddeleri ile birleşir (bkn. sayfa 45). Terapi kil aynı zamanda antiseptik, anti-iltihabik ve analjeziktir.

KİL ÇEŞİTLERİ

Granitin yavaş erozyonu ile oluşan tortu formunda kil, rengini ve terapi niteliklerini aldığı demir oksit, tuzlar, kalsiyum ve değişik miktarlarda diğer iz elementler gibi birçok minerali içerir. Kozmetik amaçlar için üç çeşidi yaygın olarak bulunur.

Beyaz kil (veya kaolin) silika ve magnezyum açısından zengindir. Bu kil doğaldır ve çok kuru değildir. Kirleri emer ve değerli mineralleri cilde geri verir. Bütün cilt tipleri için (ve özelikle kuru ciltler için) maske veya losyon olarak uygundur. Yeşil kil zengin silika, mangan, alüminyum ve demir oksit içeriği ile cilde daha fazla mineral ve iz elementler getirir, fakat daha kurudur. Güçlü etkisi sivilce, yağ bezlerinin aşırı faaliyeti, egzama veya hasarlı cilt dahil, problemli cilt durumlarında daha uygundur.

Kırmızı kil, yeşil kilinkilere benzer nitelikler ve belirtilere sahiptir. Kırmızı rengi, yüksek demir oksit içeriği yüzündendir. Kozmetik kil yüksek fiyatlarla satılan hazır maskelerden ayrı olarak üç şekilde bulunur. Onu süper markette bulabilirsiniz ancak, birçok özel tedarikçileri de vardır (bkn. sayfa 128). Bulabilirseniz toz şeklinde alın. Su veya herhangi başka bir sıvıyı hızla emerek ve mavi-yeşil deniz yosunu gibi diğer katı katkı maddeleriyle, doğranmış otlar veya meyve veya sebze püreleri iyi karışarak kolay kullanılır. Küçük yumrular halinde satılan kili önce blender veya kahve öğütücüsü içinde kendiniz toz haline getirmezseniz, karışması biraz daha uzun sürer. Son olarak kil macun olarak kullanıma hazır şekilde de satılır. Bu oldukça zaman kazandırıcı olsa da yapabileceğiniz maske çeşidini sınırlar, çünkü bazı reçeteler kil, sıvı hale gelmeden önce diğer katkı maddeleri ilavesini gerektirir. Ayrıca nispeten daha pahalıdır.

KİL MASKESİ YAPMAK

Kil maskesi yapmak çok kolaydır. Gerekli kil miktarı (genelde 2-3 yemek kaşığı) (5mm. kadar) dinlenmiş mineral su ile kaplanır ve karıştırmadan 30 dakika dinlenmeye bırakılır. Evian suyu veya mineralleri düşük diğer bazı şişe suları tavsiye edilir; musluk suyu veya klor içeren herhangi bir su kullanmayın. Dinlenme sonrasına kadar (bütün su emilene kadar) karıştırmamak önemlidir çünkü, erkenden karıştırmak maskeyi yapışkan ve pütürlü hale getirerek yoğunluğunu etkiler ve bu yüzden uygulanması daha zor olur.

Dinlenme süresi bittikten sonra katkı iyice karıştırılır. Kullanıma hazır olması için karışım, rahatlıkla uygulanabilecek kadar kalın macun yoğunluğuna sahip olmalıdır. Eğer çok sıvı olursa yapışmayacak; çok kalın olursa cilde derinden nüfuz etmeyecektir. Çok ince olan karışıma az miktarda kil ilave etmek yeterince kolaydır fakat, çok kalın olan macuna daha fazla su ilave etmek dikkat ister: her seferinde karıştırarak azar azar ilave edin.

Kile diğer maddeler ilave edilecekse bunun bu aşamada yapılması tercih edilir fakat, yağ veya yağ karışımının (bkn. sayfa 37) kuru kile eklenmesi en iyisidir. Bu kitaptaki reçetelerin bazılarında dinlendirilmiş şişe suyu yerine meyve veya sebze suları kullanılır. Aynı dinlendirme ve karıştırmama kuralı uygulanır. Toz kil (veya patates nişastası) bazı hafif maskelerde kalınlaştırıcı etken olarak kullanılır. Birçok durumda dinlendirme süresi gerekmez-reçete talimatlarını izleyiniz. Etkili olması için bir kil maskesi, haftada en azından bir veya iki kez uygulanır. Kil maskelerinin çoğunun hazırlanışı, uygulanması ve temizlenmesi için 27-29. sayfalara bakınız.

Meyve

Her gün yediğimiz meyvelerin çoğu ciltte canlandırıcı, besleyici ve çoğunlukla sıkılaştırıcı faaliyet gösteren mükemmel maskeler oluştururlar. Bu faydaları sağlayan içerdikleri asit çeşitleri (malik, glikolik, sitrik, saliklik ve tartrik asit) ve yüksek vitamin ve mineral içerikleridir.

Aslında meyve asitleri günümüzde ticari olarak elde edilir (alfa-hidroksi asitler) veya kimyasal olarak sentezlenir (beta-hidroksi asitler) ve kozmetik cerrahlar tarafından, daha genç görünümün peşinde, acı ve yanma risklerine, alerjik reaksiyonlara hazır olanlar ve güneşe karşı aşırı duyarlı insanlar için yüksek yoğunlukta kimyasal peeling etkenleri olarak kullanılır.

Neyse ki - taze meyve ve suları direkt olarak cilde uygulandığında- basit meyve maskelerinde ki doğal katkı maddeleri - tehlikeli yan etkileri olmaksızın sinerji ile hareket ederek daha yumuşak bir faaliyet gösterirler. Bu kitaptaki bütün meyve maskeleri sık sık uygulanabilir ve özelikle kuru ve yaşlanan ciltler ve çok değişik cilt tipleri için birçok açıdan faydalıdır.

Hassas peeling ölü cildi soyar, epidermisden fazla yağ bezeleri ve siyah noktaları ve çilleri, aşırı renklenmeyi yok eder ve cildi beyazlattığı kadar, zayıf çizgileri ve ifade çizgilerini siler. Cildin yüzeyindeki asit oranını arttırarak bakteri gelişimini önler, yağlı salgı salgılamasını düzenler, gözenekleri açar ve kapatır ve cilde su sağlar. Ayrıca sağlıklı bir cilt için gerekli miktarlarda potasyum, çinko, selenyum gibi elementler ve mineralleri dağıtır.

Yinede hassas veya potansiyel olarak allerjik cilde sahip olan herkes için yapılması gereken bir uyarı vardır. Yüksek asitli (domates gibi) meyve maskelerini haftada birden fazla kullanmak akıllıca olmaz. Olası allerjik tepkileri test etmek için kolun iç kısmında küçük bir alanda test etmek de akıllıca olabilir. Küçük bir miktarı, direkt olarak cilde uygulayın, 2-3 dakika bırakın, pamukla temizleyin ve 10 dakika daha bekleyin ve sonra maskenin uygulandığı yerde kızarıklık olup olmadığını kontrol edin.

MEYVE MASKELERİNİN VE LOSYONLARININ KULLANIMI

Temizlik, sıkılaştırma ve beslemek için en iyi meyveler elma, kayısı, avokado, muz, kuş üzümü, kiraz, üzüm, greyfurt, limon, kavun, portakal, ahududu, papaya, ananas ve domatestir. Bulabildiğiniz en taze meyveyi tercihen organik olarak üretilmişi kullanın ve eğer reçete, meyve suyu gerektiriyorsa mümkünse kendiniz yapın. Karton içinde ki havuç ve üzüm suyu kabul edilebilir fakat uzun ömürlü, UHT ve konserve ürünlerden kaçının.

Birçok meyve maskesi ve losyonlar el ile veya blender kullanarak son derece kolay hazırlanır. Meyve, püre yapılır veya suyu çıkarılır ve süt ürünleri, bal, yumurtalar, sulu bitkisel çözeltiler için (bkn. sayfa 45) veya yağlar (bkn. sayfa 24-41) gibi diğer doğal katkı maddeleri kolayca ve çabukça karışır. Kolayca uygulanacak bir maske yapmak için katılaştırıcı etmen gerekiyorsa püreye, genelde az miktarda kil tozu, yulaf, patates nişastası veya doğal yoğurt ilave edilebilir. Etkili bir maske yaratmak veya losyon gibi direkt olarak cilde tek başına veya diğer doğal katkı maddeleri ile birlikte pamuk kullanarak uygulamak için greyfurt, limon, portakal, üzüm veya domates gibi meyve suları da, çok miktarda kil veya koyu çırpılmış yumurta akı ile karıştırılabilir. Birçok maske ve losyonun hazırlanışı için bkn. sayfa 27-29.

sebzeler

Taze sebze esaslı maskelerin hassas, hasarlı veya iltihaplı cilt için gerekli olan iltihaplanmaya karşı etkileri vardır. Serinletici özeliklerine ilave olarak hasarlı epidermise büyük miktarda A vitamini ve önemli mineraller ve iz elementler vererek iyileşmeyi hızlandırırlar. Bu, sebze maskelerinin temizlik ve besleme için de iyi olmalarına rağmen en çok kriz zamanlarında – ani sivilce veya egzama çıkması veya güneş yanığı veya yiyecek veya ilaçlara karşı alerjik tepkiler- için değerli olduğu anlamına gelir.

MASKELER VE LOSYONLAR İÇİN SEBZELERİ KULLANMAK

Cilt bakımı için en değerli sebzeler lahana, havuç, salatalık, marul, patates ve su teresidir. Maydanoz da faydalıdır. Her zaman mümkün olan en taze, bulunabilirse organik olarak yetiştirilmiş katkılar kullanın ve kendi sebze suyunuzu mümkün olduğunca kendiniz hazırlayın.

Daha genel cilt bakımı için seçenekler çok açıktır. Salatalık (rendesi veya suyu) birçok etkili maske için kile eklenebilir ve salatalık veya havuç suyu diğer katkı maddeleri ile birlikte losyon olarak cilde direkt olarak uygulanabilir. Taze maydanoz veya su teresi kolayca doğranır ve bir kil maskesine veya doğal yoğurt veya kaymağa eklenebilir. Ve biraz daha fazla uğraşarak yeşil sebzeler- marul, su teresi veya lahana- püre yapılabilir ve sonra maske olarak uygulanmak için kil veya yulaf ezmesi ile kalınlaştırılabilir. Alternatif olarak pişirilmiş ve soğutulmuş marul veya lahana yaprakları cilde direkt olarak uygulanabilir ve pişirme suyu hassas bir losyondur. Patates nişastası (veya kil) bazı daha hafif maskelerde hacim etkeni olarak kullanılır. Maske ve losyonların çoğunun nasıl yapıldığına bkn. sayfa 27-29.

diğer katkı maddeleri

Arpa Bu kitaptaki reçetelerde losyon için sadece arpa suyu kullanılır fakat pişirilmiş arpa, macun içine katılabilir ve maske olarak kullanılabilir.

Süt ürünleri Kaymaklı süt ve taze doğal yoğurt dengelemek ve temizlemek için kullanılır. Kaymak (kalın çift tabaka olmalı) besleyicidir. Her süt esaslı maskede kalınlaştırıcı gereklidir. Saklama ile ilgili tavsiyeler için bakınız yumurtalar.

Yumurta Maskeleri daha besleyici yapmak ve kalınlaştırmak için maskelere yumurta sarısı eklenir; çırpılmış yumurta akları bir maskeyi daha sıkılaştırıcı ve yayılması, yapışmasını daha kolay yapar. Yumurta içeren maskeler, buzdolabında 6 saat saklanabilmelerine rağmen hemen tüketilmelidir.

Bal Genelde kil, yumurta, meyve veya yoğurt gibi diğer katkı maddeleri ilave edilir. Bal, maske veya losyonun besleyici niteliklerini arttırır. Ayrıca kalınlaştırıcı ve 'yapıştırıcı' etken olarak kullanılır.

Yulaf İnce yulaf ezmesi, kepek veya işlenmemiş yulaf lapası pişmiş veya çiğ olarak maske içinde kullanılabilir. Suda pişirilmiş ve soğutulmuş maske olarak kullanılabilir. Çiğden su (bazen 1 çay kaşığı limon suyu) veya süt veya yoğurt ile birleştirilebilir; bu durumda son derece kolay emilirler. Yulaf ezmesi aynı zamanda mükemmel bir kalınlaştırıcıdır.

Polen Bir çay kaşığı toz veya parça polen (çiçek tozu) her maskeyi zenginleştirir ve yaşlanan veya hasarlı ciltler için çok faydalıdır. Reçetenin belirttiği gibi sıvı-meyve suyu, su veya sulu bitkisel çözelti- ekleyin.

Royal Jelly Kremsi yoğunluğundan dolayı royal jelly maskeye daha fazla işleme gerek olmadan cilde uygulanmadan hemen önce ilave edilebilir.

ÖNEMLİ: MASKENİZİ YAPMADAN ÖNCE

Birçok metal kil, meyve veya sebze sularıyla temas ettiğinde paslanır bu yüzden metal karıştırma kapları veya kaplar kullanmayın. Benzer şekilde karıştırmak için metal kaşık veya sıpatula kullanmayın. Blenderin paslanmaz çelik bıçaklarında sorun olmaz. Bütün malzemenin temiz olduğundan emin olun. Şüpheniz varsa sterilize etmek için üstüne kaynamış su dökün. Reçetelerin bazılarında belirtilen miktarlar, katkı maddeleri kalitesi ve hava durumuna göre değişebilir. Kuru, sıcak havalarda örneğin, daha fazla sıvı ilave etmeniz gerekebilir. Küçük bir blender kullandığınız farz edilir; benzer modellerde gözle görülmeyecek şekilde daha fazla artık kalabilir ve miktarları ikiye katlamak zorunda kalabilirsiniz. Maske içinde ılık su kullanılabilir ancak, karışımı asla ısıtmayın. Zamandan kazanmak için bol miktarlarda hazırlayarak şeytana uymayın. Reçete raf ömrünü belirtsede maskelerin kullanılmadan hemen önce hazırlanması en iyisidir.

maskelerin ve losyonların uygulanması

Aşağıdaki talimatlar doğal bir maskenin veya losyonun ideal kullanma şeklini sunar. Maalesef günümüzde bir çoğumuz öyle yoğun hayatlar yaşarız ki kendimize bu kadar vakit ayırmakta zorlanırız. Bu vakti bulmayı amaçlayın, en azından haftada bir ve bu da mümkün olmadığında 4. adımı atlayın ve 2 ve 3. adımları birlikte uygulayın.

1 Kendinize sessiz bir zaman ve yer bulun. Hızınızı yavaşlatmak için kendinize izin verdiğiniz ve basit hazırlık, uygulama ve maskeyi çıkartma işleminden keyif aldığınız zaman daha iyi konsantre olursunuz ve bu daha alıcı ve tepkili olmanız demektir.

2 Saçınıza bant takın ve makyajınızı bütünüyle çıkartın. Sonra cildinizi pamuk ve dinlenmiş şişe suyu, bitkisel çaylar (bkn. sayfa 30) ile papatya, biberiye veya lavanta çiçekleri, sulu bitkisel çözelti (bkn. sayfa 45) veya sayfa 50 ve 59' da ki basit temizleme reçetelerinden birini kullanarak dikkatlice temizleyin.

3 Yüz kaslarınızı size uygun gelen şekilde gevşetin. Masaj veya aynada korkutucu yüzler yaparak olabilir.

4 Yüzünüzü buhara (1-2 dakika sıcak su kabının üstünde) tutun veya 2 dakika sıcak kompres (bkn. sayfa 32 ve 33) uygulayın. Her iki teknikde gözenekleri açar ve böylece maske daha derine nüfuz edebilir.

5 Maskeyi parmaklarınız veya pamukla, göz çevreleriniz hariç (tabii ki göz maskesi değilse) düzgünce uygulayın. Meyve veya yumurta maskeleri genelde çok sıvıdır. İkinci katı birkaç dakika sonra, ilk kat biraz kuruduğunda uygulamak daha kolay olabilir.

6 Maskeyi temizleme vakti gelinceye kadar konuşmamaya, gülmemeye ve hatta her hangi bir yüz hareketi yapmamaya çalışın.

7 Maskeyi yavaşça ve dikkatlice çıkartın. Alından aşağıya doğru, göze hiçbir şeyin değmediğinden emin olarak çıkartın. Hafif meyve maskeleri pamukla kolayca çıkar. Kil maskelerinde kili yumuşatmak için önce yüzü durulamak gerekecektir.

8 Gözenekleri kapatmak için uygun yerlere sulu bitkisel çözelti, sprey veya pamukla veya parmakla hafifçe vurarak uygulayın. 14-19. sayfalarda ki reçetelere ve listeiere bakınız.

bitkisel çaylar

Taze ve kuru otlar binlerce yıldır tıbbi nitelikli çay yapmak için harici olarak veya kompres olarak uygulandı. Aşağıdaki liste bitkisel çaylarda kullanılması tavsiye edilen başlıca otların faydalarını gösterir. Birçoğunun uzun süreli doğal cilt bakım programında faydalı olmasını sağlayan temizleme ve sıkılaştırma nitelikleri vardır: hepsi her cilt tipi için uygundur.

Altıncık (marigold çiçeği) Antiseptik, mantara, iltihaba karşı ve iyileştirici. Tek başına veya yarı yarıya lavanta veya papatya karışımı ile kullanın.

Papatya çiçeği Sık sık rahatsız olan cilt için en iyi mantar, iltihap önleyici, temizleyicidir. Çayı göz çevresinde ki nazik cilt için özelikle tavsiye edilir.

Mürver çiçeği Sıkılaştırıcı, iltihaba karşı, temizleyici

Lavanta çiçeği İltihaba karşı, temizleyici. Lavanta hafif bir kuruma yapar.

Ihlamur çiçeği papatyaya benzer, çok serinleticidir. Sıkılaştırıcı, iltihaba karşı etkisi yaşlanan cilt için iyidir.

Ebe gümeci İltihaba karşı, serinletici.

Nane İyi bir temizleyici ve sıkılaştırıcıdır.

Biberiye Antiseptik, havalandırıcı ve canlandırıcı; kan damarlarında kan dolaşımını arttırır. Biberiyeyi tek başına veya daha fazla sıkılaştırıcı etki için beyaz civan perçemi ile yarı yarıya karıştırarak kullanın.

Kekik Güçlü bakteri karşıtı etki: sivilce veya enfekte egzama için cildi yıkamak faydalıdır. Tek başına veya sakinleştirmek, iyileştirmek için papatya ve/veya altıncık ile eşit oranlarda kullanın.

Beyaz civan perçemi Yaşlanan ve hasarlı ciltler için iyi bir temizleyici, sıkılaştırıcı, antiseptiktir.

BASİT BİR ÇAY HAZIRLAMAK

250ml. kaynar suya 1 büyükçe yemek kaşığı doğranmış kuru ot kullanın. Orta büyüklükte bir kupaya otları ağzına kadar doldurun. Demi 10 dakika bekletin, sıvıyı süzün ve kullanmadan önce soğumaya bırakın. Pamuk ile uygulayın ve doğal kurumaya bırakın.

BUZ KÜPLERİ İÇİN ÇAYLAR

Bir çayın raf ömrü yaklaşık 12 saattir bu yüzden bol miktarda şişelemek için şeytana uymayın. Ancak, süzülmüş ve soğumuş çay, buz kalıplarında dondurulabilir ve buzlukta 1 veya 3 ay saklanabilir. Buz küpleri için tavsiye edilen çaylar: papatya, lavanta, ıhlamur çiçeği ve biberiyedir. Sayfa 45'de listelenen sulu bitkisel çözeltilerde buz küpleri yapmak için demlenebilir. Her 100ml. dinlendirilmiş şişe suyuna 1 yemek kaşığı sulu bitkisel çözelti kullanın.

Serinletici ve sulandırıcı etki için küpü direkt olarak cilde, boyuna ve kollara sürün. Dermisin kan damarları içinde kan dolaşımını hızlandırdığı için sıkılaştırıcı etkisi de vardır.

KOMPRES İÇİN ÇAYLAR

Kompresler de iltihaplanmayı serinlettiği gibi- kan dolaşımını arttırarak, gözenekleri kapatarak- cildi sıkılaştırır. Özelikle kuru, yaşlanan veya hasarlı cilt için iyidir. Duruma bağlı olarak zaman zaman her cilt tipinde kullanılabilirler.

İki geniş kaba ihtiyacınız olacak ancak, bir kap ve bir banyo leğeni ile de idare edebilirsiniz. İki banyo havlusu veya pazene de ihtiyacınız olacak. Sayfa 30'da listelenen kurutulmuş otlardan 1 büyükçe yemek kaşığı ve 1 yemek kaşığı limon suyunu bir kaba yerleştirin ve 3 kupa kaynamış su dökün. 15 dakika demlenmeye bırakın. İkinci kaba 1 litre soğuk su ve 1 yemek kaşığı sirke dökün. Soğutmak için az miktarda buz küpleri ekleyin.

Havlulardan (veya pazenlerden) birini sıcak çaya batırın ve havluyu yüzünüze sermeden ve bir dakika yüzünüzde bekletmeden önce fazla suyunu sıkın. Dikkat edin: önce sıcak olacaktır. Birinci havluyu çıkarın ve diğer havluyu hemen soğuk su kabına daldırın. Aynı şekilde yüze uygulayın yine 1 dakika bekleyin. Sıcak ve soğuk kompres işlemini iki kez tekrarlayın. Gözenekleri kapatmak için soğuk kompresle bitirmek önemlidir. Gülsuyu ile hafifçe vurarak (bkn. Sayfa 45) bitirin ve doğal kurumaya bırakın.

buhar

Cildi derinden temizlemenin geleneksel ve çok basit bir yolu yüzü zaman zaman birkaç dakika buhara tutmaktır. Buhar, kir ve hava kirliliğini ciltten etkili bir şekilde çıkarır fakat, aynı zamanda doğal yağları da çıkarır. Bu yüzden bu teknik, yağlı ciltlerde veya sivilce problemi olan birinde mükemmel sonuçlar getirsede, birçok cilt için uzun vadede kurutma etkisi vardır.

Buhar bu yüzden, kuru veya yaşlanan ciltte çok az kullanılır (maksimum ayda bir kez) ve asla 2-3 dakikadan fazla olmaz. Yağlı bir ciltte her yedi günde bir veya iki kez ve her seferinde 6-8 dakika olabilir. Karma cilt için en fazla haftada bir kez 2-3 dakika tavsiye edilir. Normal cilt en fazla 5 dakikadan çok olmadığı sürece iki haftada bir buhardan fayda görecektir. Çok hassas ciltler, iltihaplı, enfeksiyonlu veya güneş yanığı olmuş ciltler için, kırmızı kabarıklıklar veya cilt yüzeyinde birçok kılcal damarın gözle görünebildiği ciltler için tavsiye edilmez. Yine de bu koşullar, kil maskelerinin (bkn. Kuru ve yaşlanan ciltler için temizleme reçeteleri) düzenli uygulanmasına iyi tepkiler verirler.

BUHAR BANYOSU

İhtiyacınız olan tabii ki, 1lt. kaynar su koyduğunuz geniş bir kap ve orta boy bir havludur. Kabın önüne oturun, başınızı havlu ile kaplayın ve yüzünüzü önerilen süre kadar buharda tutun. Sonra yüzünüzü pamuk ile veya havlu ile kurutun ve gülsuyu (bkn. sayfa 45) ile temizleyin, doğal kurumaya bırakın.

Buharın faydaları, kaynar suya 2 damla papatya, solucan otu, lavanta, gül otto veya çay ağacı bitkisel yağ (bkn. sayfa 34 ve 40-41) damlatarak arttırılabilir. Kuruladıktan sonra altıncık taşıyıcısı içinde sulandırılmış aynı yağı cilt üzerine ince bir tabaka uygulayın, (bkn. sayfa 34-37).

Aroma Terapisi

Bitkisel yağlar, kozmetiğe ve cildin bilinen tıbbi tedavisine mükemmel ve güvenli bir alternatiftir. Bunları, egzamanın en zor durumlarını tedavi etmekte üstün bir başarı ile yıllardır kullanmaktayım ancak, bunların günlük cilt bakımında da yerleri doldurulamaz. Teyit etmek için sadece, birçok kozmetik ürünün MALZEMELER listesine bakmalısınız. Bu kitapta reçeteler bölümlerinde - temizlik, beslenme ve bakım için- kullanılan bitkisel ve taşıyıcı yağları bulacaksınız. Buhar banyosu için 33., masaj için 42-44. ve genel cilt problemlerinin tedavisi için 114-125. sayfalara bakınız.

BİTKİSEL YAĞLAR

Aromatik bitkilerin kökleri, yaprakları, gövdeleri veya çiçeklerinde, çam, köknar ve tarçın gibi ağaçların kabuğunda ve bazı turunçgillerin özünde bulunan bitkisel yağlar 250 kadar kimyasalın karışımıdır. Güneş enerjisi ile bitkide sentezlenen bu güzel kokulu özler çoğunlukla eski, buharla damıtma işlemi ile çıkarılır. Birkaçı örneğin, turunç yağları, soğutma ile; gül özü, kimyasal ayrıştırma ile elde edilir. Gül özü, tavsiye edilen şekli olan, ikinci dereceye (otto) indirgenir.

O kadar karmaşık bir kimyaya sahiptirler ki nasıl işlev gördüklerini tam olarak bilmek imkansızdır. Fakat 20. yüzyılın sonlarında ki bilimsel analizler, bitkisel yağlarda yaygın olarak bulunan molekül ailelerini sınıflandırdı ve bu da, virüs ve bakterilerin yok edilmesi ve önlenmesi, yanığa karşı etki ve hormon düzenleyici gibi bazı terapi etkileri açıklamaya yardımcı oldu.

TAŞIYICI YAĞLAR

Güçlü etkileri nedeni ile bitkisel yağlar genellikle, sulandırılmadan direkt olarak cilde kullanılmaz (bakınız güvenlik, sayfa 36) Birçok sebze yağı, masaj için kullanılan bitkisel yağları sulandırmak için kullanılır ve bunlara taşıyıcı yağlar denir. Her sebze yağı kullanılabildiği halde, fındık ve tohumlardan elde edilen soğuk-sıkıştırılmış yağlar, terapi niteliklerinden dolayı ve belirli bitkisel yağlarla sinerji içinde faaliyet gösterebildikleri için ekstra fayda sağlamak için tercih edilir. Soğuk- sıkıştırılmış yağlar pahalıdır fakat, ucuz olandan daha faydalıdır. Endüstriyel olarak elde edilmiş yağlar, çeşitli ve yüksek miktarlarda değerli vitaminler, iz elementler ve yağ asitleri içerirler. Kullanımda da ekonomiktirler.

TAŞIYICI YAĞLARIN SEÇİMİ

Masaj veya genel cilt problemleri için yağ seçiminde ilk adım bir taşıyıcı (veya taşıyıcılar) seçmektir. Temel taşıyıcı yağların özeliklerinin bir listesi 38-39. sayfalarda belirtilmiştir. Cildinizin bakım programları, her cilt tipi ve her yaş grubu için uygun taşıyıcı yağları gösterir (bkn. sayfa 14-19). Tatlı badem ve zeytin yağı, her çeşit cilde uyarak ve tek başına bir taşıyıcı veya karma taşıyıcıların büyük bir bölümü olarak görev görebilirler.

Doğru taşıyıcı yağı seçmek çok önemlidir: her birinin belirli fonksiyonu vardır fakat, taşıdıkları bitkisel yağların terapi niteliklerini yaydıkları gibi arttırabilirlerde. Masaj için taşıyıcı yağ seçerken her seferinde birini deneyin. Doğru olduğunu hissediyorsanız muhtemelen doğrudur- cilt tipinizi ve durumunu doğru olarak belirlediğiniz sürece (bkn. sayfa 12). Bazen cildinize, yaş grubunuza ve cildinizin durumuna uyan iki, üç taşıyıcıyı karıştırmaya ihtiyaç duyabilirsiniz ancak, çoğu zaman sadece biri yeterlidir. İki veya üç taşıyıcı yağı karıştırmak, terapi etkileri için veya ekonomik olması için yapılır.

Terapi olarak örneğin altıncık yağı, çok yağlı, hasarlı veya iltihaplı cilt için binbirdirek otu (yara otu) yağı ile sinerji içinde çok iyi çalışır. Ekonomik nedenlerle % 10-15'den fazla Jojoba veya makadan fındığı taşıyıcı yağları veya zembil, eşek otu, kuşburnu çekirdeği veya E vitamini yağları genelde kayısı çekirdeği, zeytin yağı veya tatlı badem yağı gibi ucuz taşıyıcılarla karıştırılır.

Kaliteli zeytin, tatlı badem ve buğday öz yağları kolayca bulunur. Diğerlerini uzmanlardan sipariş edebilirsiniz (bkn. sayfa 126)

BİTKİSEL YAĞLARIN SEÇİMİ

Masaj veya genel cilt problemlerinin tedavisi için, bir veya karma taşıyıcı yağ içinde dört çeşide kadar bitkisel yağı karıştırabilirsiniz. Tavsiye edilen bitkisel yağların ve faydalarının listesi sayfa 40-41'de gösterilmektedir. Her cilt tipi ve yaş grubuna uygun bitkisel yağların listesi ve ömür boyu cilt bakım programları için bkn. sayfa 14-19.

Masajda kullanacağınız bitkisel yağ karışımları için temel yağ, ana hedefinizi yerine getirmelidir: örneğin, cildi sulandırmak veya aşırı yağ salgısını düzenlemek. Ondan sonra temel yağınızın fonksiyonunu arttıracak ve tamamlayacak az miktarda bir veya iki yağ seçebilirsiniz. Sonuç olarak dengelemek diğer taşıyıcı yağların muhtemel aşırı faaliyetine karşı- veya cildinizin diğer bazı semptomlarını tedavi için bir tane daha yağ seçilebilir. Taşıyıcınıza gerekli miktarda ilave edilmeden önce seçilen bitkisel yağlar ayrı kaplarda ölçülür ve karıştırılır: bitkisel yağın toplam miktarı asla sonuçta ki karışımın % 3.5'den fazlası olmamalıdır. Yağların karışımı üzerine detaylı talimatlar için bir sonra ki sayfaya bakınız.

GÜVENLİK ÖNLEMLERİ

Doğru kullanılırlarsa bitkisel yağların çoğu, evde kullanım için güvenlidir. Yine de hamileliğin ilk aylarında yok edilmeleri en iyisidir. Üçüncü veya dördüncü aylardan sonra papatya, solucan otu, lavanta, portakal çiçeği, paçuli, gül otto, gül ağacı ve sandal ağacı tavsiye edilir. Sedir ağacı, adaçayı, ardıç, mürsafi ve biberiye hamilelik boyunca kullanılmamalıdır. Bitkisel yağlar yoğun ve çok güçlü maddelerdir bu yüzden, çocukların ulaşabileceği yerlerden uzak tutun: özelikle ağzı sabit damlalıksız bir şişeyi çocuğun içindekini içebileceği bir yerde asla bırakmayınız.

Bir uzman tarafından tavsiye edilmedikçe ve aşağıdaki birkaç durum hariç, saf bitkisel yağı cildinize asla uygulamayın. Önce taşıyıcı yağ içinde sulandırılmış olmalı. Fakat lavanta, yanıklarda, çay ağacı, bir atletin ayağında ve gül otto veya sandal ağacı, parfüm olarak saf kullanılabilir. Mandalina yağı kullandıktan sonra, güçlü güneş ışığı veya ultraviyole ışığa hemen çıkmayın. Ciltte renk kaybına sebep olabileceği anlamına gelen hafif bir phototoxic özeliği vardır, bu yüzden yaz mevsiminde nasıl kullanacağınıza dikkat edin. Ardıç bazen yumuşak cilt tahrişlerine neden olabileceği için, her zaman az kullanılmalıdır.

Bitkisel yağların çoğu sulandırıldıklarında bile gözle temas ederlerse sızıya sebep olurlar. Gözünüze saf bitkisel yağ değdirirseniz hemen süt veya bir taşıyıcı veya bir sebze yağı ile yıkayın. Kızarıklık ve sızı ve tahriş devam ederse hemen tıbbi yardıma başvurun. Bitkisel yağ sulandırılmışsa hemen bir taşıyıcı yağ ile yıkayın.

YAĞLARI KARIŞTIRMAK

Farklı karışımları denerken sadece bir günlük masaj için yetecek kadar yapmak en iyisidir. Bir yemek kaşığı (10 ml.) taşıyıcı yağ ve 10 damla bitkisel yağ ihtiyacınızı karşılayacaktır. Uygun taşıyıcı ve bitkisel yağları seçmek için cilt tipiniz ve yaşınız için 14-19. sayfalardaki tavsiyelere ve 38-41. sayfalarda ki tablolara başvurun. Başlangıçta basit olması için tek bir taşıyıcı ve iki bitkisel yağ seçin (her birinden 5 damla).

Belirli bir karışımdan memnun kaldıktan sonra, daha fazla miktarlarda hazırlamak daha mantıklıdır- bu yağların yaklaşık üç ay raf ömrü vardır. 30 ml. Taşıyıcı yağ(lar) şişesi için 30 damla bitkisel yağ karışımına ihtiyaç duyacaksınız; 50 ml. Taşıyıcı yağ(lar) şişesi için bitkisel yağlar toplamı 50 damla olacak. (akışmazlık değişir ancak, ortalama 1ml.= 40 damla bitkisel yağ.)

Yağları karıştırmak için iki kahverengi cam şişe gerekir- açık renk bitkisel yağların etkisini azaltır. Bu şişeleri aromaterapi dükkanlarında ve birçok eczanede bulacaksınız (posta ile sipariş için bkn. sayfa 126.) Biri hazırlanan karışımı alacak kadar geniş olmalıdır fakat, diğeri küçük olabilir. Ufak olanı taşıyıcı(lara) ilave etmeden önce bitkisel yağlarınızı karıştırmak için kullanılacaktır ve çıkarılıp takılabilen damlalık/kapak gerekecektir.

Gerekli miktarda taşıyıcı yağ(lar)ı geniş olan şişeye dökmekle başlayın. Sonra bitkisel yağları küçük şişede karıştırın, şişeyi kapatın ve iyice çalkalayın. Son olarak bitkisel yağları taşıyıcı şişeye ekleyin, kapatın ve tekrar karıştırın. Yağ karışımınız şimdi kullanıma hazır.

taşıyıcı yağlar

	normal cilt	kuru cilt	yağlı cilt	karma cilt	yaşlanan cilt	hassas cilt
kayısı çekirdeği	• • •	• • • • •	•	• • • •	• • • • •	• • •
altıncık	• • •	•	• • • • •	• • •	• •	• • • • •
fındık	• • • •	• •	• • • •	• • • •	• • •	• • •
binbirdirek otu	• • •	• •	• • • •	• • •	• • •	• • • •
jojoba	•	• • •	• • • •	• • •	•	• • •
ıhlamur çiçeği	• •	• • •	•	• • •	• • • • •	• • • • •
makadan	•	• • •	• • • •	• • •	• • •	• •
zeytin yağı	• • • • •	• • • • •	• • • • •	• • • • •	• • • • •	• • • •
tatlı badem	• • • • •	• • • •	• • •	• • • • •	• • • •	• • • •
buğday özü	• •	• • • • •	•	• • •	• • • • •	• • • •
zembil veya eşek otu	• •	• • •	•	•	• • • • •	• • • • •
kuşburnu çekirdeği	• •	• • • • •	o	• •	• • • • •	• • • • •
e vitamini	• •	• • • • •	•	• •	• • • • •	• • • •

O = güçsüz • = düşük güç • • • • • = yüksek güç

hasarlı	iltihaplanmaya karşı	mantara karşı	iyileştirme	besleme	kurutma	düzenleme
•••••	•••	•	•••	••••	o	•••
•••••	•••••	••••	•••••	••	••••	•••
••••	••••	•	•••	••••	••	•••
•••	•••••	•	•••	•	••	••
•	•	•	•	•••	o	••••
•	••	•	•	•	o	•••
••	o	o	o	•••	o	••••
•••	••••	•	•••	••••	o	•••••
••••	••	•	••	•••	o	•••
••••	••	o	••••	••••	o	•••
••••	••	o	••••	•••	o	••••
•••••	•••	••	•••••	•••••	o	•••
•••••	••	o	•••••	•••••	o	•••

Bu tablo ve 40-41. sayfalarda ki tablo uygulamalı tecrübeye dayalı geniş bir değerlendirmeyi sunar. Yukarıda yatık yazılı tamamlayıcı yağlar taşıyıcı yağlara (bkn. sayfa 35) küçük miktarlarda ilave edilebilir.

Bitkisel yağlar

	normal cilt	kuru cilt	yağlı cilt	karma cilt	yaşlanan cilt	hassas cilt	hasarlı cilt	hamilelikte yan etki	iltihaplanmaya karşı
Sedir ağacı	••	•	••	••	••	o	•••••	•••	o
*Papatya (Alman)	••	•	•••	•••	•••	•••••	•••	•	•••••
*Papatya (Roman)	••	•	•••	•••	•••	•••••	•••	•	•••
Adaçayı	••	•••	••	••	•••••	•••	•	•••••	•
Servi	••	•	•••••	••	••••	••	•••••	o	o
Frankisen	••	••••	••	••	••••	••	•••••	o	•••
Solucan otu	•••	•••••	•	•	••••	•••	•••	o	•••
Ardıç	•	•	•••	••	•	o	••	•••	•
Lavanta	•••	••	•••••	••••	•••	••••	•••••	o	•••
Limon	••	••	••••	•••	••••	•	••••	o	••
Mandalina	••	•	•••••	•••	•••	••••	••	o	•
Mürsafi	••	•••	•••	•••	•••	•	••••	•	•••
Portakal çiçeği	•••	••••	•	••	••••	•••	•••	o	••
Niaouli	•••	•••	•••	•••	•••	•	••	••	•••
İdris otu	•••	•••	••	•••	•••	••	•••	o	••••
Paçuli	••	••	•••	•••	•••	o	•••	o	•••
Gül otto	•••	•••	••	•••	••••	•••	•••	••	•••
Gül ağacı	•••	•••	•••	•••	•••	••••	•••	o	••
Biberiye	•••	•••	•••	•••	••••	••	•••••	•••••	•••
Sandal ağacı	•••	•••	••	•••	••	•••	••	o	•
Çay ağacı	•••	••	•••	•••	••	•••	•••	o	•••

o= güçsüz •= düşük güç •••••= yüksek güç

antibakteriyel	mantara karşı	anti-viral	sulandırma	düzenleme/ dengeleme	sakinleştirici	destekleyici	iyileştirme	saldırganlık	anti-allerjik
o	o	o	o	••	•	•	••••	••	o
•••	••	o	o	•	•••••	o	•	o	••
•••	••	o	o	•	••••	o	o	o	•
•	o	o	••	••••	••••	o	o	•	o
•••	•••	o	o	••••	•••	•	••••	••••	o
o	o	o	o	•••	•••	•	••••	••	o
•••	•••	•	••••	••••	••••	•	•	••	•
••••	•	o	o	o	•	••	•••	•••	o
•••	•	•	o	•••	•••	o	••••	o	•••
••••	•••	••••	•	••	o	•••	••	••••	o
•	•	o	•	•••	•••••	o	o	••	o
•••	••	••	•	•••	••	•	••••	•	o
•••	••	•	••	•••	•••	•	•••	o	o
••••	•••	••••	•	••	•	o	o	•	•
•••	•••	••	••	••	••	•	••	•	•
•••	•	o	•	••	•	••	•	••	o
••	o	o	••	•••	•	•••	•	••	•
•••	•••	•••	•	••	•••	••	o	••	•
••	•••	••	•	•••	o	•••	••	••	o
•	o	o	•	•••	••	••	o	••	o
•••••	••••	••••	•	•	•	••	o	o	o

* Papatya geçen her reçetede ikisinden birini kullanın. Alman papatyası daha yoğundur.

MASAJ TEKNİĞİ

Uygun taşıyıcı ve bitkisel yağ karışımı ile düzenli masaj, iyi bir cilt bakım programının vazgeçilmez parçasıdır. Gözenekleri temizlemek ve sıkılaştırmak ve her cilt tipinin genel durumunu geliştirmek için etkili bir yoludur. Yüzün bütün küçük kaslarını gevşeterek, dolaşımı arttırarak, cildin alt tabakalarında ki yağlı bezelerini kırarak ve toksinleri serbest bırakarak işler. Cilt tipiniz veya durumuna göre tavsiye edilen maskeler ve losyonların (bkn. sayfa 14-19 ve 114-125) birlikte kullanımının faydasını unutmayın. Aşağıda birkaç basit teknik tekrarlanmıştır.

Teknik 1 Derin, bölgesel baskı oluşturmak için işaret, orta ve yüzük parmağınızın ucu ile minik dairesel hareketler yapın. Yüzün küçük kaslarını ovarken cildi hissedebilmelisiniz. Parmaklarınızı kaldırın ve baştan aşağı dolaşmak için tekrar yerleştirin.

Teknik 2 işaret, orta ve yüzük parmaklarının düz tabanlarını birlikte kullanın veya sadece baş parmak ile gezinin- yavaş spiral hareketlerle veya yukarı, aşağı veya dışa doğru kayarak. Elinizin geri kalan kısmını yüzünüze hafifçe dayayarak dinlendirin.

Çimdiklemek Hafifçe fakat dolaşımı harekete geçirecek kadar ve cilt renginde hafif renk değişikliğine neden olacak kadar güçle, işaret ve baş parmağınızı kullanın. Berelemekten kaçınarak- kaşların üstüne ve yüzün üstüne hafifçe, çenenin altına daha sertçe çimdik atın.

YÜZE MASAJ DÜZENİ

İhtiyacınız olan her şeyi yanınıza alarak rahatça oturun: havlu ve/veya saçınızı yüzünüzden uzak tutmak için saç bandı, cildi nemlendirerek yağların daha kolay nüfuz etmesini sağlamak için ıslak bir pazen veya kumaş ve bir tabağa konmuş masaj yağı kullanın.

Isınma burnun herhangi bir yanından başlayarak her bir kaşa doğru ve şakaktan mümkün olduğunca kulakların üstüne doğru çimdikleyin. Sonra çeneden başlayarak çene hizasında yavaşça çalışarak ve kulakların altına kadar çimdikleyin. Bunu üç kez tekrarlayın.

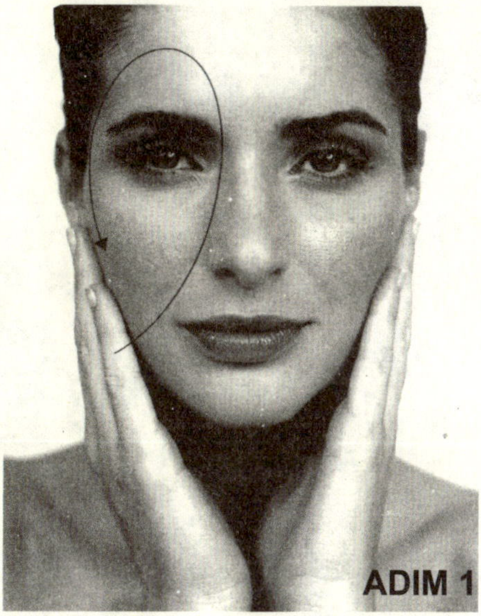

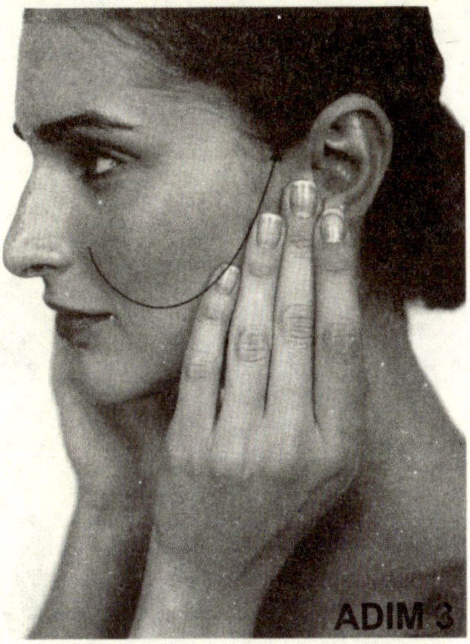

1 Parmaklarınızın tabanlarını yağa daldırın ve eşit oranda yaymak için avuç içlerinizle ovun. Parmak uçlarınızı çene kemiğine yerleştirin ve çene hizasından burnun iki tarafına doğru alnın ortasına kadar, saç hizasında ve sonra şakaklardan çene kemiğine kadar hafif bir baskı ile geniş bir daire yapın. Bu enerjiyi harekete geçirir ve yağı yayar.

2 Üç parmağın ucu ve 1. tekniğin bölgesel basıncı ile çenede başlayarak ve çene hizasında çeneye açı yaparak şakaklara kadar dolaşın. Bunu üç kez tekrarlayın.

3 Üç parmağın tabanını ve 2. tekniğin spiral hareketini kullanarak burnun her iki yanından burun deliklerinin yakınından başlayarak önce elmacık kemiğinin altından ve sonra kulakların üstüne doğru hareket edin.

4 Orta parmaklarınızın uçlarını gözlerinizin iç köşelerine yerleştirerek parmaklarınızı ortada ki kemiğe bastırarak kaşların hemen üstünden kulaklara kadar yukarı doğru ve sonra dışa doğru kaydırın.

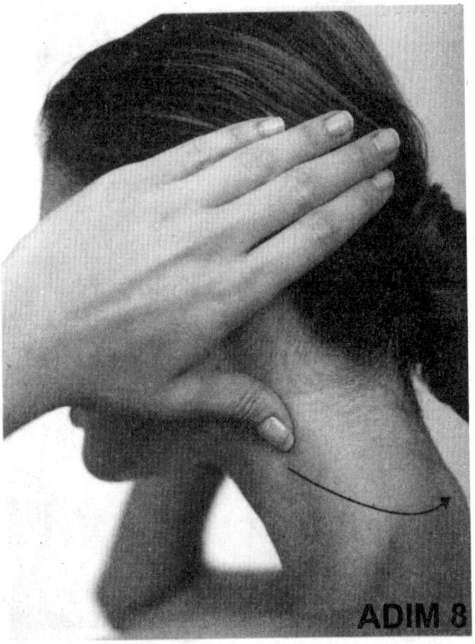

5 Üç parmağınızın tabanını ve 2. tekniğin spiral hareketini kullanarak, burnun tam üstünden başlayarak ve yukarıya saç hizasına doğru çıkarak ve sonra dışa doğru şakaklara kadar alnınıza masaj yapın.

6 2. tekniği kullanarak parmaklarınızın tabanını burnun hemen üstüne, kaş çizgisinin ortasına yerleştirerek şakaklara doğru kayın. Bunu üç kez tekrarlayın.

7 Saçınızı şampuanla yıkıyor gibi kafa derinize yavaşça masaj yapın.

8 Şakaklardan başlayın ve kulakların arkasında aşağıya doğru, kafatasının ortasına doğru çalışın.Başparmaklar aşağıyı gösterecek şekilde avuç içlerinizi kulaklarınızın üzerine yerleştirin ve 2. tekniğin geniş spiral hareketi ile boyuna enseye kadar masaj yapın. Bunu üç kez tekrarlayın.

9 Avuç içlerini burnunuzun yanlarına yerleştirin. Parmak uçlarınız hafifçe kaşlarınıza dokunmalı. Hafif ve eşit baski ile ellerinizi dışarı doğru kulaklara kadar kaydırın. Bunu üç kez tekrarlayın.

10 Birinci adımda tarif edilen geni alan hareketi tekrarlayarak masaja son verin.

sulu bitkisel çözeltiler

Hidrosoller veya (çiçek suları değil) çiçekli sular olarak da bilinen sulu bitkisel çözeltiler, buğu damıtma ürünleridir. İlgili bitkisel yağlarından daha az yoğun olmalarına rağmen, onlara benzer özelikler taşırlar. Suda çözülebilen aktif maddelerle zenginleştirilmişlerdir. Yumuşaklıkları, onları temizlemek ve gözenekleri sıkılaştırmak, cildi sulandırmak ve cildin pH dengesi için mükemmel yapar ve bu yüzden bunlar, temizlik veya beslenme maskelerinin arkasından temizleyici/sıkılaştırıcı olarak sık sık tavsiye edilirler. Çoğu ayrıca, bakteri ve mikroba karşı, karşı etkiye sahiptir ve hassas veya hasarlı cildi deterjan veya alkol bazlı losyonlardan daha az yıpratarak dezenfekte edebilir. Hepsi uzman dükkanlardan veya posta siparişi ile temin edilebilir.

SULU BİTKİSEL ÇÖZELTİLERİ KULLANMAK

Sulu bitkisel çözeltiler yüze günde iki kez uygulanabilir. Pamuk ile veya sprey şişesinde kullanın fakat, gözlerinizi korumaya dikkat edin (bkn. Mısır çiçeği). Doğal kurumaya bırakın. Sulu bitkisel çözeltiler ayrıca, banyo suyuna da genel cilt toniği olarak (3 yemek kaşığı) katılabilir ve bazen de kil maskesi hazırlarken suyun yerini tutabilir (bkn. sayfa 23).

Papatya Bütün cilt tipleri için uygundur; iltihaplara karşı çok yumuşaktır, sakinleştirici ve temizleyicidir, aşırı güneş ve rüzgara karşı iyi gelir.

Adaçayı Kuru ve yaşlanan cilt için uygundur; düzensiz hormon seviyesi ve menopoza bağlı cilt problemleri içindir.

Mısır çiçeği Bkn. Papatya. Birçok sulu bitkisel çözeltinin tersine genelde göz çevresinde kullanılır, gözleri yakmaz.

Lavanta Bütün cilt tiplerine uygundur ancak, hafif kuruma yapar; serinletici, iltihaplara karşı, güneş veya rüzgar yanığına karşı ve saç toniği olarak iyidir.

Portakal Çiçeği Bütün cilt tiplerine özelikle kuru veya hassas ciltlere uygundur; iltihaplara karşı, kırmızı kabarıklıklar için iyidir.

Biberiye Bütün cilt tiplerini dengelemek ve gözenekleri temizlemek ve sıkılaştırmak için ve saç için mükemmeldir; dolaşımı hızlandırır.

Gülsuyu Bütün cilt tiplerine özelikle yaşlanan ciltlere uygundur; dengeleyici, temizleyici ve sıkılaştırıcıdır.

Cadı fındığı Bütün cilt tiplerine uygundur; yumuşak bir sıkılaştırıcıdır.

kozmetik sirke

Sirkenin birçok bitki ve bitkisel yağla birlikte kozmetik amaçlı kullanımı Romalılara kadar gider ve ondokuzuncu yüzyılda tekrar moda olmuştur.

Sirke, cildi sulandıran, küçük kılcal damarlar içinde ki kan dolaşımını hızlandıran bir etkiye sahiptir. Ayrıca antiseptiktir ve enfeksiyona neden olan bakteri, virüs veya mayaların hızla çoğalmasına engel olur. Ayrıca, cilt yüzeyinde ki aşırı yağlı bezeleri çözer ve pullanma veya soyulma durumlarını azaltır. Son olarak sirke, cildin pH seviyesini düzenler. Sirke en çok lavanta, biberiye, gül veya mürver çiçeği ile kullanıldığında etkilidir. Yöntem daha kolay olamaz ancak, en iyi kalite beyaz üzüm veya elma sirkesi kullanmak şarttır. Kullanacağınız her bitkiyi kullanmadan önce iki gün kurutun.

Kurutulmuş bitkiyi ölçün ve karıştırın ve sonra sirkeyi ve bitkisel yağları ekleyin (bkn. Sayfa 34 v3 37). Tamamen sıvılardan oluşan kozmetik sirkeler, sadece bir kez kullanılabilir. Bitki içerenler dinlenmeye bırakılmalıdır. Sonra vidalı kapaklı bir kavanozda hazırlayın ve bir pencere eşiğine bırakın, süzün ve şişeleyin. 1 çay kaşığı kozmetik sirkeyi yüzünüzü yıkamak için dinlenmiş şişe suyuna ilave edin veya banyo suyuna 3-4 yemek kaşığı dökün.

LAVANTA, BİBERİYE VE GÜL AĞACI

SİRKE	500ml. iyi kalite beyaz şarap veya elma sirkesi
BİTKİSEL YAĞLAR	3ml. Lavanta, 3ml. Biberiye ve 2ml. Gül ağacı
VE	2 yemek kaşığı gliserin

ALTINCIK VE MÜRVER ÇİÇEĞİ

BİTKİ	50gr. altıncık çiçekleri ve 75gr. mürver çiçekleri
SİRKE	1 litre iyi kalite beyaz şarap veya elma sirkesi
DİNLENME	2 hafta

LAVANTA, GÜL, KARANFİL VE IHLAMUR

BİTKİ	Lavanta çiçeği, gül yaprağı, karanfil ve ıhlamur çiçeklerinin her birinden 30gr.
SİRKE	1 litre iyi kalite beyaz üzüm veya elma sirkesi
DİNLENME	2 hafta

temizlik reçeteleri

geleneksel badem sütü

Badem sütünün cilt için kullanımı Mısır firavunlarına kadar dayanır. Bugün, o gün olduğundan daha faydalı olduğu kadar, bu hassas losyon cildi temizlerken besler de. Badem birçok iz elementler, A ve B vitaminleri ve oleik ve linoeik asitler (veya F vitamini), cilt için çok önemli olan iki doymamış yağ asitlerini içerir. Bal, ilave iz elementler ve enzimlerle besleyici etkiyi arttırır. Artanı bir hafta sonra atılmalıdır.

MALZEMELER

50gr. Yer bademi

2 yemek kaşığı doğal bal

500ml. Dinlendirilmiş şişe suyu

UYGULAMA

Bademleri ve balı dinlendirilmiş suya ekleyin ve bal çözülene kadar karıştırın. 2' saat dinlenmeye bırakın. Süzgeçten geçirerek ağzı kapalı bir kap veya şişeye dökün ve buzdolabında saklayın.

Yüze ve boyuna, pamuk kullanarak bolca uygulayın ve losyonun cilde işlemesi ve doğal olarak kuruması için yaklaşık 20 dakika bekleyin.

ETKİ	temizler, besler
CİLT TİPİ	özelikle kuru ve yaşlanan olmak üzere bütün cilt tiplerine uygundur
KULLANIM SIKLIĞI	günde iki kez
RAF ÖMRÜ	buzdolabında 1 hafta
HAZIRLANMA SÜRESİ	10 dakika ve 2 saat dinlenme süresi
TEDAVİ SÜRESİ	20 dakika

kil ve cadı fındığı göz maskesi

Bu sıkılaştırıcı maske, özelikle göz çevresindeki hassas cilt için faydalıdır. Yüzde ve boyunda kullanmak için, miktarları üç katına çıkartın ve uygulama ve temizleme için sayfa 29'a bakın. Sulu bitkisel çözeltiler için bkn. sayfa 45; kil için bkn. sayfa 22-24.

MALZEMELER

1 yemek kaşığı cadı fındığı sulu bitkisel çözeltisi

1 yemek kaşığı mısır çiçeği

1 yemek kaşığı beyaz veya yeşil kil tozu

Dinlendirilmiş şişe suyu

UYGULAMA

23. sayfada tarif edilen temel yöntemi izleyerek cadı fındığı ve mısır çiçeğini kile ekleyin ve karıştırmadan 30 dakika dinlenmeye bırakın. Sonra akıcı bir macun haline gelene kadar karıştırın.

Göz çevresine ince bir tabaka halinde uygulayın ve yaklaşık 10 dakika bekleyin. Dinlendirilmiş su ile dikkatlice durulayın ve hafifçe kurutun.

Daha fazla sıkılaştırma etkisi için mısır çiçeği yerine gülsuyu kullanın.

ETKİ	temizler, sıkılaştırır, iltihaplanmayı azaltır
CİLT TİPİ	bütün cilt tiplerine uygundur
KULLANIM SIKLIĞI	iki hafta süreyle günde iki kez
RAF ÖMRÜ	buzdolabında 8 saat
HAZIRLANMA SÜRESİ	10 dakika ve 30 dakika dinlenme süresi
TEDAVİ SÜRESİ	gözlerde: 10 dakika; yüz ve boyunda; 20 dakika

taze portakal suyu ve kil maskesi

Portakal, sıkılaştırıcı turunç sularının en hafifidir. B ve C vitaminleri yönünden zengindir ve kalsiyum, potasyum, fosfor, mangan, bakır ve çinko ve antioksidanlar içerir. Bir kil maskesinde su yerine mükemmeldir. Kil için bkn. sayfa 22-24; Sulu bitkisel çözeltiler için bkn. sayfa 45.

MALZEMELER

1 orta boy portakal

2 yemek kaşığı beyaz veya yeşil kil tozu

Dinlendirilmiş şişe suyu

Cadı fındığı yağı

UYGULAMA

3 yemek kaşığı portakal suyu sıkın. 23. sayfada anlatılan standart uygulamayı izleyerek portakal suyunu kile ekleyin ve karıştırmadan önce 30 dakika dinlenmeye bırakın. Sonra akıcı bir macun haline gelene kadar karıştırın.

Yüz ve boyuna uygulamak için bkn. Sayfa 29. Yaklaşık 20 dakikadan sonra dinlendirilmiş suyu ve pamuk kullanarak durulayın ve hafifçe kurulayın. Cadı fındığı yağını hafifçe vurarak uygulayın ve doğal olarak kurumaya bırakın.

Daha sıkılaştırıcı, çiller veya yaşlanan ciltte kahverengi noktalar için hafif beyazlatma etkisi için greyfurt suyu kullanın.

ETKİ	temizler, sıkılaştırır
CİLT TİPİ	bütün cilt tiplerine uygundur
KULLANIM SIKLIĞI	günlük
RAF ÖMRÜ	buzdolabında 6 saat
HAZIRLANMA SÜRESİ	10 dakika ve 30 dakika dinlenme süresi
TEDAVİ SÜRESİ	20 dakika

bal ve salatalık temizleme sütü

İltihaplanmayı azaltırken cildi temizleyen basit bir reçete. Laktik asit içeren süt, canlandırıcı, cildin pH seviyesini dengeleyici etkiye sahip mükemmel bir doğal temizleyicidir. Bal, besleyici iz elementler yönünden zengindir ve salatalık suyu sulandırır ve iltihaplanmayı azaltır. Çaylar için bkn. sayfa 30.

MALZEMELER

¼ küçük salatalık

2 yemek kaşığı doğal bal

1 yemek kaşığı taze kaymaklı süt

Dinlendirilmiş şişe suyu veya papatya çayı

UYGULAMA

Salatalığın kabuğunu ve çekirdeklerini çıkarın. Blender kullanarak 2 yemek kaşığı suyundan çıkarın. Balı suyun içine karıştırın. İyice karıştıktan sonra sütü ekleyip tekrar karıştırın.

Losyonu pamukla yüze ve boyuna iyice uygulayın. Dinlendirilmiş şişe suyuyla veya papatya çayı ve pamukla durulamadan önce 20 dakika bekleyin. Hafifçe kurulayın.

ETKİ	temizler, iltihaplanmayı azaltır, besler, sulandırır
CİLT TİPİ	bütün cilt tiplerine uygundur
KULLANIM SIKLIĞI	günde bir veya iki kez
RAF ÖMRÜ	buzdolabında 6 saat
HAZIRLANMA SÜRESİ	5 dakika
TEDAVİ SÜRESİ	20 dakika

kil ve salatalık temizleme maskesi

İltihaplı bir cilt için hızlı etki gösteren bir serinleticidir. Bu reçete özelikle egzama ve kırmızı kabarıklıklar için faydalıdır. Güçlü greyfurt suyu, hem beyazlatıcı hem de sıkılaştırıcıdır. Kil için bkn. sayfa 22-24; Sulu bitkisel çözeltiler için bkn. sayfa 45; çaylar için bkn. Sayfa 30; taşıyıcı yağlar için bkn. sayfa 34 ve 38.

MALZEMELER

½ orta boy salatalık
½ greyfurt
2 yemek kaşığı beyaz veya yeşil kil tozu
Dinlendirilmiş şişe suyu
Gülsuyu veya papatya çayı

UYGULAMA

Salatalığı soyun ve blender kullanarak püre haline getirin ve sonra suyundan 2 yemek kaşığı ayırarak süzün. Yarım greyfurttan 1 yemek kaşığı su çıkartın. 23. sayfada tarif edilen kil maskesi yöntemini izleyerek, su yerine salatalık ve greyfurt suyu koyarak, karıştırmadan önce 30 dakika dinlenmeye bırakın.

Yüze ve boyuna uygulamak ve temizlemek için bkn. sayfa 29. Dinlendirilmiş şişe suyu ile durulayın. Gülsuyu veya papatya çayı ile bitirin ve doğal olarak kurumaya bırakın.

UYARI

Kuru cilt için greyfurt yerine 1 yemek kaşığı tatlı badem yağı koyun.

ETKİ	temizler, iltihaplanmayı azaltır, sıkılaştırır
CİLT TİPİ	bütün cilt tiplerine uygundur (kuru ciltler için uyarıya dikkat ediniz)
KULLANIM SIKLIĞI	haftada bir veya iki kez
RAF ÖMRÜ	buzdolabında 8 saat
HAZIRLANMA SÜRESİ	10 dakika ve 30 dakika dinlenme süresi
TEDAVİ SÜRESİ	20 dakika

taze lahana yaprağı ile temizlik

Lahananın faydaları – zengin A, B, C, E ve K, Potasyum, Sülfür ve Bakır- binlerce yıldır bilinmektedir. Lahananın sebze asitleri ve minerallerinin derinden temizleme etkisi vardır. Bu maske özelikle sivilce, egzama ve rüzgar veya güneşe karşı korunma için iyidir. Taşıyıcı yağlar için 34 ve 38. sayfalara, sulu bitkisel çözeltiler için 45. sayfaya bakınız.

MALZEMELER

½ küçük yeşil lahana
1 büyük havuç veya 2 çay kaşığı taze havuç suyu
½ limon
1 yemek kaşığı zeytin yağı
2 yemek kaşığı beyaz veya yeşil kil tozu
dinlendirilmiş şişe suyu
gülsuyu

UYGULAMA

Lahananın dış yapraklarını ayıklayın. Geri kalanını parçalayıp sudan geçirin ve hafifçe kurulayın. Kendi havuç suyunuzu kendiniz yapacaksanız 2 yemek kaşığı olsun. Limon suyunu 1 çay kaşığı hazırlayın. Lahana, havuç suyu, limon ve zeytin yağını blender veya mikser içinde püre olana kadar karıştırın. 3 yemek kaşığı püreyi kil tozuna ekleyin ve karıştırın.

Yüzünüze ve boynunuza uygulayıp yaklaşık 20 dakika bekletin. Dinlendirilmiş şişe suyu ve pamuk ile temizleyin ve kurulayın. Gülsuyunu hafifçe yüzünüze vurarak sürün ve doğal kendi kendine kurumaya bırakın.

ETKİ	temizler, iyileştirir, kızarıklığa, kabarıklığa karşı
CİLT TİPİ	bütün cilt tiplerine uygundur
KULLANIM SIKLIĞI	haftada bir kez veya kızarmış veya zedelenmiş cilt için günlük
RAF ÖMRÜ	buzdolabında 24 saat
HAZIRLANMA SÜRESİ	10 dakika
TEDAVİ SÜRESİ	20 dakika

beyaz veya yeşil kil temizleme sütü

Bu temizleyicinin hafif bir kurutma etkisi vardır bu da onu, özelikle yağlı veya karma ciltler için uygun kılar. Kil için bkn. sayfa 22-24; çaylar için bkn. sayfa 30.

MALZEMELER

1 yemek kaşığı beyaz veya yeşil kil tozu

250ml. Dinlendirilmiş şişe suyu

UYGULAMA

Sadece kili şişe suyuna ekleyin ve ağzı kapalı bir kap veya şişe içinde buzdolabında saklayın.

Kullanmadan önce çalkalayın ve yüze, boyuna ve ellere pamukla iyice uygulayın. Cilde işlemesi ve doğal halde kuruması için yaklaşık 20 dakika bekleyin.

İltihaplanmaya karşı etki oluşturması için şişe suyu yerine papatya çayı kullanın.

ETKİ	temizler,
CİLT TİPİ	normal, yağlı, karma
KULLANIM SIKLIĞI	günde iki kez
RAF ÖMRÜ	buzdolabında 1 hafta
HAZIRLANMA SÜRESİ	5 dakika
TEDAVİ SÜRESİ	20 dakika

gülsuyu ve limon suyu ile temizlik

Gülsuyu çok etkili bir temizleyici ve havalandırıcıdır. Sitrik meyve asitlerinin en güçlüsüdür ve ayrıca B3 vitaminleri ve ciltteki bakteriyel oluşumu engelleyen güçlü bir sıkılaştırıcı olan PP içerir. Bu reçetede limon, gülsuyunun denge ve tonik etkisini güçlendirir. Uzman dükkanlardan veya posta ile satın alınabilen (bkn. Sayfa 126) iyi kalitede bir sulu bitkisel çözelti şarttır. Sulu bitkisel çözeltiler ile ilgili daha fazla bilgi için bkn. sayfa 45.

MALZEMELER

½ limon

100ml. Gülsuyu

UYGULAMA

1 çay kaşığı limon suyu sıkın ve sadece gül suyuna ekleyin. Ağzı kapalı bir kap veya şişe içinde buzdolabında saklayın.

Günde iki kez yüz ve boynunuza pamuk ile uygulayın. İsterseniz sprey şişesinde kullanın. Nüfuz etmesi ve doğal kuruması için bırakın.

ETKİ	temizler, sıkılaştırır
CİLT TİPİ	yağlı, karma
KULLANIM SIKLIĞI	günde iki kez
RAF ÖMRÜ	buzdolabında 1 hafta
HAZIRLANMA SÜRESİ	2 dakika
TEDAVİ SÜRESİ	20 dakika

taze süt ve domates suyu ile temizlik

Domates bol A ve B vitaminleri, folik asit, C, potasyum ve magnezyum, değerli antioksidanlar ve iz elementler içerir. Reçetedeki yüksek asit içeriği- sütteki laktik asit ve domateste ki meyve asidi- bu temizleme losyonuna hafif bir peeling etkisi verir. Yüzünüzde kullanmadan önce allerjik bir tepkiyi kontrol etmek için kolunuzun iç tarafında test edin. Çaylar için bkn. sayfa 30.

MALZEMELER

1 orta boy olgun domates

Yaklaşık 150 ml. Taze kaymaklı süt

Dinlendirilmiş şişe suyu veya papatya çayı

UYGULAMA

Blender kullanarak domatesi ezin. Süzün ve suyunu ayırın. Eşit oranda süte ilave edin. Ağzı kapalı bir kap veya şişe içinde buzdolabında saklayın.

Günde bir veya iki kez yüze ve boyuna pamukla uygulayın. Yaklaşık 10 dakika bırakın ve dinlendirilmiş şişe suyu veya papatya çayı ile çıkartın ve hafifçe kurulayın.

ETKİ	temizler
CİLT TİPİ	yağlı, karma (ancak önce test edin) Hassas ciltler için tavsiye edilmez
KULLANIM SIKLIĞI	bir hafta boyunca günde bir veya iki kez
RAF ÖMRÜ	buzdolabında 6 saat
HAZIRLANMA SÜRESİ	5 dakika
TEDAVİ SÜRESİ	20 dakika

gülsuyu ve cadı fındığı temizleyici

Geleneksel bir temizlik reçetesidir ancak, güçlü bir sıkılaştırma etkisi de vardır. Göz çevresine uygulanarak yirmili yaşların ortalarında belirmeye başlayan zayıf ifade çizgilerini azaltmaya yardım eder. Ancak dikkatsizce uygulanırsa, damıtılmış sulu bitkisel çözeltiler, bu formda bile gözlerinizi yakabilir. Bu reçete ayrıca yaşlanan ciltler için havalandırıcı olarak da kullanılabilir. Sulu bitkisel çözeltiler için bkn. sayfa 45.

MALZEMELER

200ml. Gül suyu

100 ml. Cadı fındığı

UYGULAMA

Gül suyu ve Cadı fındığını ölçerek bir şişeye koyun, ağzını sıkıca kapatıp iyice karıştırın. Bu karışım haftalarca bekleyebilir ve buzdolabında saklanması gerekmez.

Günde iki kez pamukla dikkatlice uygulayın. Yaklaşık 20 dakika doğal kurumaya bırakın.

ETKİ	temizler, sıkılaştırır, iltihaplanmayı azaltır
CİLT TİPİ	bütün cilt tiplerine uygundur
KULLANIM SIKLIĞI	günde iki kez
RAF ÖMRÜ	1 ay
HAZIRLANMA SÜRESİ	2 dakika
TEDAVİ SÜRESİ	20 dakika

ıhlamur ve portakal çiçeği temizleyici

Portakal çiçeği özelikle kuru cilt için, ıhlamur çiçekleri yaşlanan cilt için iyidir. Burada, cildin pH seviyesini düzenleyen ve dermise hizmet eden ince kılcal damarlar üzerinde tonik etkisi gösteren elma sirkesi ile birleşirler. Reçete cildi canlandırdığı kadar temizler de. Sirke ile ilgili daha fazla bilgi için bkn. sayfa 46; Sulu bitkisel çözeltiler için bkn. sayfa 45.

MALZEMELER

1 yemek kaşığı kurutulmuş ıhlamur çiçeği

50ml. Elma sirkesi

150 ml. Portakal çiçeği

UYGULAMA

Ihlamur çiçeklerini küçük bir kabın içine yerleştirin ve üstünü kaplayacak kadar elma sirkesini dökün. Demlenmesi için 1 saat bekleyin. Elma sirkesini ayırarak süzün ve portakal çiçeği ekleyin. Cam bir şişede saklayın.

Pamukla yüz ve boyuna uygulayın ve doğal kurumaya bırakın.

Ihlamur yerine mürver çiçeği kullanırsanız, etki aynı olacaktır ancak, mürver çiçeği iltihaplı cilt için tavsiye edilir.

ETKİ	temizler, sıkılaştırır, pH' ı dengeler
CİLT TİPİ	bütün cilt tiplerine uygundur
KULLANIM SIKLIĞI	günde bir veya iki kez
RAF ÖMRÜ	1 ay
HAZIRLANMA SÜRESİ	5 dakika ve 1 saat demlenme süresi
TEDAVİ SÜRESİ	10 dakika

ananas ile ölü deriyi soyan maske

Meyvenin sert, bazen de yenilemeyen orta kısmını kullanmanın mükemmel bir yolu olan bu maske, yumuşak bir peeling etkenidir. Ananas A, (folik asit içeren) B ve C vitaminleri, potasyum, magnezyum, mangan, demir ve sülfür içeriği bakımından zengindir. Ayrıca, sitrik ve malik meyve asitleri ile enzimlerin etkili kombinasyonlarına sahiptir. Hassas ciltleri biraz da olsa rahatsız etmesine rağmen, ananasın alerjik reaksiyon gösterdiği nadirdir ve papatya çayı ve anti iltihabik yulaf ezmesi etkiyi yok edecektir. Çaylar için bkn. sayfa 30.

MALZEMELER

1 orta boy olgun ananas
1 fincan soğutulmuş papatya çayı
2-3 yemek kaşığı yulaf ezmesi
Dinlendirilmiş şişe suyu

UYGULAMA

Ananası soyun ve uzunlamasına ikiye bölün. Ortasını bıçak veya kaşık ile çıkartın ve blender ile ezin. 2 yemek kaşığı papatya çayı dökün ve karıştırın. Yumuşak bir macun yapmak için yeterince yulaf ezmesi ekleyin.

Göz çevresine bulaştırmadan yüz ve boyuna uygulayın ve yaklaşık 15 dakika bekleyin. Pamuk kullanarak dinlendirilmiş şişe suyu ile temizleyin. Artan papatya çayını hafifçe sürerek doğal kurumaya bırakın.

ETKİ	temizler
CİLT TİPİ	bütün cilt tiplerine uygundur (hassas cilt için yukarıya bakınız)
KULLANIM SIKLIĞI	haftada 1 kez
RAF ÖMRÜ	buzdolabında 12 saat
HAZIRLANMA SÜRESİ	5 dakika
TEDAVİ SÜRESİ	15 dakika

çilek ve badem yağı ile temizlik

Bu reçeteyi makyajınızı çıkartmak için kullanın. Cildi temizler ve sıkılaştırır. Çilekteki meyve asidi, yumuşak bir peeling etkeni ve sıkılaştırıcı olarak faaliyet gösterirken badem yağı, çok fazla saldırgan olmasını engelleyerek düzenleyici olarak faaliyet gösterir. Hassas bir cilde sahipseniz losyonu önce kolunuzun iç kısmında test edin. Taşıyıcı yağlar için bkn. sayfa 34 ve 38; çaylar için bkn. Sayfa 30.

MALZEMELER

6 büyük, çok olgun çilek
2 yemek kaşığı tatlı badem yağı
dinlendirilmiş şişe suyu veya papatya çayı

UYGULAMA

Blender içinde çileklerin suyunu çıkartın. Tatlı badem yağını ekleyin ve iyice karıştırın.

Yüz ve boyuna uygulayın ve yaklaşık 10 dakika bekleyin. Pamuk kullanarak dinlendirilmiş şişe suyu veya papatya çayı ile temizleyin ve kurulayın.

UYARI

Çileğe allerjisi olanlar, benzer fakat biraz daha az sıkılaştırıcı etki için ahududuyu denemelidir.

ETKİ	temizler, sıkılaştırır
CİLT TİPİ	normal, yağlı, karma cilt tiplerine uygundur (çileğe allerjiniz varsa uyarıyı okuyunuz)
KULLANIM SIKLIĞI	günde 1 kez
RAF ÖMRÜ	buzdolabında 12 saat
HAZIRLANMA SÜRESİ	5 dakika
TEDAVİ SÜRESİ	10 dakika

yulaf ve limon suyu maskesi

Anti-iltihabik yulaf ve sakinleştirici badem yağı, derinden temizleyici, sıkılaştırıcı maske içinde, limonun sitrik asidini tamamlar. Tonik etkisi özelikle, yaşlanan ciltte nem kaybını engellemek için iyidir. Taşıyıcı yağlar için bkn. sayfa 34 ve 38; Sulu bitkisel çözeltiler için bkn. sayfa 45; çaylar için bkn. sayfa 30.

MALZEMELER

1 limon (veya normal ciltler için portakal)
2 yemek kaşığı tatlı badem yağı
4 yemek kaşığı yulaf lapası
cadı fındığı yağı
dinlendirilmiş şişe suyu
gülsuyu

UYGULAMA

Limon veya portakalı dilimleyin ve 3 yemek kaşığı suyunu hazırlayın. Limon suyu ve tatlı badem yağını yulafa karıştırın. Sonra yumuşak bir macun halini alana kadar karıştırarak yavaş yavaş yeterince cadı fındığı yağı ilave edin.

Yüze ve boyuna iyice uygulayın ve yaklaşık 15 dakika bekleyin. Dinlendirilmiş su ve pamuk kullanarak temizleyin ve kurulayın. Az bir gülsuyu sürün ve doğal kurumaya bırakın.

Daha fazla besleyici etki için tatlı badem yağı yerine zeytin yağı kullanın. Daha az sıkılaştırıcı etki için cadı fındığı yerine papatya çayı kullanın.

ETKİ	temizler, sıkılaştırır, iltihaplanmayı azaltır
CİLT TİPİ	bütün cilt tiplerine, özelikle yaşlanan ciltlere uygundur
KULLANIM SIKLIĞI	haftada bir kez
RAF ÖMRÜ	buzdolabında 12 saat
HAZIRLANMA SÜRESİ	5 dakika
TEDAVİ SÜRESİ	15 dakika

ölü deriyi soyan papaya losyonu

Olgunlaşmamış papayanın içinde bulunan Papain adı verilen enzim mükemmel bir temizleyici görevi görür- tam anlamıyla ölü deri hücrelerini emer. Papatya çayı iltihaplanma potansiyeline karşı, karşı etki yapmalıdır. Fakat hassas veya alerjik bir cildiniz varsa önce kolunuzun iç tarafında test yapın. Papatya suyundan ziyade gül suyu ile bitirmenin daha fazla sıkılaştırıcı etkisi vardır. Çaylar için bkn. sayfa 30; sulu bitkisel çözeltiler için; bkn. sayfa 45.

MALZEMELER

1 büyük taze papaya
1 bardak papatya suyu, soğuk
dinlendirilmiş şişe suyu
gülsuyu

UYGULAMA

Papayayı soyun ve çekirdeklerini çıkartarak püre yapın. Suyunu çıkartmak için ezerek süzün. Suyunu eşit miktarda papatya suyu ile karıştırın.

Losyonu göz çevresi hariç yüzünüze ve boynunuza pamukla uygulayın ve yaklaşık 10 dakika bekleyin. Dinlendirilmiş şişe suyu ve pamukla durulayın. Hafifçe vurarak kalan papatya suyu ve biraz gülsuyu sürün. Doğal kurumaya bırakın.

ALTERNATİF

Papaya suyu ile silmek, siyah noktaları çıkartmanın mükemmel bir yoludur.

ETKİ	temizler
CİLT TİPİ	hepsi fakat, hassas veya alerjik ciltlere test yapılmalıdır.
KULLANIM SIKLIĞI	haftada bir kez
RAF ÖMRÜ	buzdolabında 12 saat
HAZIRLANMA SÜRESİ	10 dakika
TEDAVİ SÜRESİ	10 dakika fazla değil

besleyici reçeteler

muz maskesi

Muz, en besleyici meyvelerden birisidir çünkü, büyük miktarlarda magnezyum, potasyum, demir, çinko ve iyodin ve A, B (folik asit), E ve F vitaminleri içerir. Burada (kırışıklıkları önlemek için geleneksel olarak kullanılan) çifte kaymak ve doğal bal ile besleyiciler dolu bir reçete içinde buluşurlar. Sulu bitkisel çözeltiler için bkn. sayfa 45.

MALZEMELER

1 küçük muz

yaklaşık 2 yemek kaşığı dolusu kaymak

1 yemek kaşığı doğal bal

yaklaşık 1 yemek kaşığı patates nişastası

dinlendirilmiş şişe suyu

gülsuyu

UYGULAMA

Kaşığın arkasını kullanarak muzu ezin ve 2 yemek kaşığı kaymağı, balı ve 1 yemek kaşığı patates nişastasını ilave edin. İyice karıştırın. Kalın kaymak veya yoğurt yoğunluğu elde etmek için, biraz daha kaymak veya patates nişastası ilave etmeye ihtiyaç duyabilirisiniz.

Maskeyi, göz çevresi dahil temizlenmiş yüzünüze ve boynunuza uygulayın ve yaklaşık 30 dakika bekleyin. Dinlendirilmiş şişe suyu ve pamukla durulayın ve biraz gülsuyu sürün. Doğal kurumaya bırakın.

ETKİ	besler
CİLT TİPİ	kuru, yaşlanan
KULLANIM SIKLIĞI	haftada üç kez
RAF ÖMRÜ	buzdolabında 6 saat
HAZIRLANMA SÜRESİ	5 dakika
TEDAVİ SÜRESİ	30 dakika

solucan otu ve kil maskesi

Bu harika kokulu maske, zenginliğini buğday özü yağındaki yüksek E vitamini ve eşek otu yağındaki linoleik asit (veya F vitamini) içeriğinden alır. Solucan otunun cildi sulandıran ve dengeleyici etkisi vardır. Gül ağacının hassas tonik etkisi, bu maskeyi daha besleyici olduğu kadar sıkılaştırıcı yapmak için kil ile birleşir. Yağlar için bkn. sayfa 34-41; kil için bkn. sayfa 22-24; Sulu bitkisel çözeltiler için bkn. sayfa 45.

MALZEMELER

1 yemek kaşığı buğday özü yağı
2 kapsül eşek otu yağı (sadece içi)
3 damla gül ağacı yağı
3 damla solucan otu
3 yemek kaşığı beyaz veya yeşil kil tozu
3 yemek kaşığı gül suyu
dinlendirilmiş şişe suyu

UYGULAMA

Buğday özü ve eşek otu taşıyıcı yağlarını karıştırın ve sonra karıştırılmış gül ağacı ve solucan otunu (bkn. sayfa 37) ekleyin. Kili ekleyin. Gül suyunu dökün ve karıştırmadan önce 30 dakika bekleyin. Yumuşak bir macun olana kadar iyice karıştırın.

Temizlenmiş yüz ve boyuna uygulamak için bkn. sayfa 29 ve yaklaşık 20 dakika bekleyin. Dinlendirilmiş şişe suyu ve pamuk ile temizleyin.

ETKİ	besler, temizler, sıkılaştırır, iltihaplanmayı azaltır
CİLT TİPİ	bütün cilt tiplerine uygundur ancak, hamileliğin ilk 3-4 ayında kullanmayın
KULLANIM SIKLIĞI	haftada bir kez
RAF ÖMRÜ	buzdolabında 12 saat
HAZIRLANMA SÜRESİ	5 dakika ve 30 dakika dinlenme süresi
TEDAVİ SÜRESİ	20 dakika

deniz yosunu canlandırıcı maske

Deniz yosunu adında ki bu mavi-yeşil yosunu, beta-keroten ve yaşlanan ve hasarlı cilt için çok faydalı iz elementler bakımından çok zengindir. Deniz yosununu, toz halinde bir çok şifalı gıda dükkanında bulabilirsiniz. Günlük olarak uygulandığı zaman, sivilce tedavisi için de etkilidir. Kil için bkn. sayfa 22-24; taşıyıcı yağlar için bkn. sayfa 34 ve 38; sulu bitkisel çözeltiler için bkn. sayfa 45.

MALZEMELER

1 yemek kaşığı deniz yosunu tozu
2 yemek kaşığı beyaz veya yeşil kil tozu
1 yemek kaşığı zeytin yağı
dinlendirilmiş şişe suyu
gülsuyu

UYGULAMA

Deniz yosununu kile ekleyin ve zeytin yağı içinde karıştırın. 3 yemek kaşığı dinlendirilmiş şişe suyunu dökün ve karıştırmadan 30 dakika bekleyin. Yumuşak macun kıvamına gelene kadar karıştırın.

Temizlenmiş yüz ve boyuna uygulamak için bkn. sayfa 29. Yaklaşık 20 dakika bekleyin ve sonra dinlendirilmiş su ile yıkayın, pamukla kurulayın. Biraz gül suyu sürün ve doğal kurumaya bırakın.

Besleyici ve canlandırıcı etkiyi arttırmak için macuna 1 çay kaşığı royal jelly ekleyin.

ETKİ	besler
CİLT TİPİ	bütün cilt tiplerine uygundur
KULLANIM SIKLIĞI	haftada bir kez
RAF ÖMRÜ	buzdolabında 8 saat
HAZIRLANMA SÜRESİ	5 dakika ve 30 dakika dinlenme süresi
TEDAVİ SÜRESİ	20 dakika

yoğurt ve havuç suyu maskesi

Bu, kuru bir cildin elastikiyetini geliştirmek için mükemmel bir karışımdır. Yoğurt, pH üzerinde dengeleyici özeliğe sahiptir. Havuç, değerli gençleştirici mineraller içerir ve balın nemlendirici etkisi, yorgun bir cilt için paha biçilmezdir. Taşıyıcı yağlar için bkn. sayfa 34 ve 38; sulu bitkisel çözeltiler için bkn. sayfa 45.

MALZEMELER

1 büyük havuç veya 1 yemek kaşığı havuç suyu
yaklaşık 2 yemek kaşığı doğal yoğurt
1 yemek kaşığı tatlı badem yağı
1 yemek kaşığı doğal bal
dinlendirilmiş şişe suyu
gülsuyu (isteğe bağlı)

UYGULAMA

Kendiniz yapacaksanız havuç suyu 1 yemek kaşığı olsun. Sıkılmış yoksa alternatif olarak rendelenmiş havuç kullanabilirsiniz, ancak bu durumda 2 yemek kaşığına ihtiyacınız olacak. Taze yoğurdu havuç ile karıştırın ve tatlı badem yağı ve bal ekleyin.

Temizlenmiş yüz ve boyuna uygulayıp 20 dakika bekleyin. Dinlendirilmiş şişe suyu ile çıkartıp kurulayın. İsterseniz gül suyu sürüp doğal kurumaya bırakın.

Daha fazla besleyici etki için taze badem yağı yerine buğday içyağı kullanın. Buğday özü E vitamini içerir ve güçlü bir iyileştirme, yeniden yapılandırma etkisi vardır.

ETKİ	besler, pH dengeler
CİLT TİPİ	bütün cilt tiplerine özelikle kuru, yaşlanan veya hasarlı ciltlere uygundur
KULLANIM SIKLIĞI	haftada bir kez
RAF ÖMRÜ	buzdolabında 6 saat
HAZIRLANMA SÜRESİ	5 dakika
TEDAVİ SÜRESİ	20 dakika

taze süt ve limon maskesi

Bu maske için, kuru veya yaşlanan cildin pH dengesine yardım eden taze, tam kaymaklı süte ihtiyacınız olacak. Limon suyu, sıkılaştırıcı etkiye sahiptir ve aynı zamanda C vitamini sağlar. Sulu bitkisel çözeltiler için bkn. sayfa 45.

MALZEMELER

½ limon

250ml. Taze tam kaymaklı süt

gülsuyu

UYGULAMA

Yarım limonun suyunu çıkartın ve karıştırarak süte ekleyin.

Karışımı, pamukla temizlenmiş yüz ve boyuna uygulayın ve nüfuz etmesini bekleyin. Yaklaşık 20 dakika sonra cildiniz kuruduğunda gülsuyu ve pamuk kullanarak temizleyin. Doğal kurumaya bırakın.

ETKİ	besler, temizler, sıkılaştırır, pH dengeler
CİLT TİPİ	bütün cilt tiplerine özelikle kuru ve yaşlanan ciltlere uygundur
KULLANIM SIKLIĞI	10 gün boyunca günde bir kez
RAF ÖMRÜ	buzdolabında 6 saat
HAZIRLANMA SÜRESİ	5 dakika
TEDAVİ SÜRESİ	20 dakika

çilek ve kaymak maskesi

Barındırdığı birçok iz elementlerle bal, yorgun cildi beslemek ve çok çabuk kurumasını engellemek için kaymak ile birleşir. Çileğin içindeki saliklik asit, ölü hücreleri ve kirleri çıkartarak cildi temizler. Hassas bir cilde sahipseniz bkn. sayfa 60. sulu bitkisel çözeltiler için bkn. sayfa 45.

MALZEMELER

3-4 orta büyüklükte, olgun çilek
1 yemek kaşığı taze çifte kaymak
1 yemek kaşığı doğal bal
gülsuyu

UYGULAMA

Kaşığın arkası ile çilekleri ezin veya blender ile püre yapın. Kalın bir doku haline gelmesi için kaymak ve balı püreye ekleyin. Karışım çok akışkan, ise biraz daha kaymak veya 1 çay kaşığı kil ekleyin.

Göz çevresi hariç, temizlenmiş yüz ve boyuna uygulayın ve yaklaşık 10 dakika bekleyin. Dinlendirilmiş şişe suyu ve pamuk ile temizleyin ve biraz gül suyu ile bitirin. Doğal kurumaya bırakın.

Cildin pH'ını dengelemek için kaymak yerine yoğurt kullanın. Çilek yerine ahududu da kullanabilirsiniz. Yoğurt/ahududu, hassas cilt için uygundur ve çileğe alerjisi olanlar için daha az rahatsızlık verir.

ETKİ	besler, temizler, yoğurt kullanırsanız pH dengeler
CİLT TİPİ	bütün cilt tiplerine uygundur (hassas cilt için uyarıyı okuynişastasız)
KULLANIM SIKLIĞI	haftada bir kez
RAF ÖMRÜ	buzdolabında 6 saat
HAZIRLANMA SÜRESİ	2 dakika
TEDAVİ SÜRESİ	10 dakika

polen ve yumurta akı maskesi

Polen ve yumurta akının her ikisi de sağlıklı bir cildin ihtiyaç duyduğu zengin vitaminler, mineraller, iz elementler ve amino asitlere sahiptir. Bu reçete düzenli olarak uygulandığında, özelikle yaşlanan ve hasarlı ciltler için faydalıdır. Sulu bitkisel çözeltiler için bkn. sayfa 45.

MALZEMELER

1 yemek kaşığı işlenmemiş polen parçaları
2 büyük yumurta akı
dinlendirilmiş şişe suyu
gülsuyu (isteğe bağlı)

UYGULAMA

Blender içinde polen parçalarını ezin. İnce tozuna ihtiyacınız olacak ancak, poleni ısıtmamak önemlidir çünkü, ısıtmak bazı aktif maddelerini yok edebilir. Karıştırarak yumurta akını ekleyin.

Bu karışımı, temizlenmiş yüz ve boyuna uygulayın ve yaklaşık 20 dakika bekleyin. Dinlendirilmiş şişe suyu ve pamuk ile durulayın ve kurulayın. Biraz gülsuyu sürün ve doğal kurumaya bırakın.

Yumurta akı yerine taze çifte kaymak kullanabilirsiniz. Etkisi benzer olacaktır.

ETKİ	besler
CİLT TİPİ	bütün cilt tiplerine özelikle yaşlanan veya hasarlı ciltlere uygundur
KULLANIM SIKLIĞI	haftada bir veya iki kez
RAF ÖMRÜ	buzdolabında 6 saat
HAZIRLANMA SÜRESİ	5 dakika
TEDAVİ SÜRESİ	20 dakika

badem ve yumurta akı maskesi

Badem ve balın besleyici vitaminleri, yağlı asitleri, iz elementleri ve enzimleri, kuru ve yaşlanan ciltlere etkili bir maske oluşturmak için yumurta akının sıkılaştırıcı etkisi ile birleşir. Sulu bitkisel çözeltiler için bkn. sayfa 45.

MALZEMELER

50 gr. badem
1 büyük yumurta akı
1 yemek kaşığı doğal bal
dinlendirilmiş şişe suyu
gülsuyu (isteğe bağlı)

UYGULAMA

Bademleri kaynar suda 4 dakika beyazlatın ve soğumaya bırakın. Yumurta akını hafifçe çırpın. Bademleri soyun ve blender içinde granüler doku elde edene kadar çırpın. Hafifçe çırpılmış yumurta akını ve balı ekleyin ve yumuşak macun kıvamına gelene kadar karıştırın. Karışım kolayca yayılamayacak kadar kalınsa, her seferinde biraz gül suyu ekleyin.

Bu karışımı, temizlenmiş yüz ve boyuna uygulayın ve yaklaşık 20 dakika bekleyin. Dinlendirilmiş şişe suyu ve pamuk ile durulayın ve kurulayın. Biraz gülsuyu sürün ve doğal kurumaya bırakın.

Yer bademleri hazırlanma süresini kısaltabilir. Daha fazla sıkılaştırma etkisi için, yarı yarıya gül suyu ve cadı fındığı yağı (bkn. sayfa 62) ile bitirin.

ETKİ	besler
CİLT TİPİ	yaşlanan veya hasarlı ciltlere uygundur
KULLANIM SIKLIĞI	günde bir kez
RAF ÖMRÜ	buzdolabında 6 saat
HAZIRLANMA SÜRESİ	5 dakika
TEDAVİ SÜRESİ	20 dakika

bal ve yumurta akı maskesi

A, D ve E vitaminleri, gerekli amino asitler, mineraller ve iz elementler, yumurta akında cildin kolayca emebileceği ve işleyebileceği formda bulunurlar. Bu reçetede her çeşit yorgun cilt için mükemmel bir canlandırıcı olan, nemlendirici bal ile çiftleştirilmiştir. Kil için bkn. sayfa 22-24; Sulu bitkisel çözeltiler için bkn. sayfa 45.

MALZEMELER

1 yemek kaşığı doğal bal
1 büyük yumurta sarısı
1 çay kaşığı beyaz veya yeşil kil tozu veya patates nişastası
dinlendirilmiş şişe suyu
gülsuyu

UYGULAMA

Bal, yumurta akı ve kil veya patates nişastasını ince bir macun kıvamına gelene kadar karıştırın.

Bu karışımı, temizlenmiş yüz ve boyuna uygulayın ve yaklaşık 20 dakika bekleyin. Dinlendirilmiş şişe suyu ve pamuk ile durulayın ve kurulayın. Biraz gülsuyu sürün ve doğal kurumaya bırakın.

Yumurta akı yerine taze çifte kaymak kullanabilirsiniz. Etkisi benzer olacaktır.

ETKİ	besler
CİLT TİPİ	bütün cilt tiplerine özelikle yaşlanan veya hasarlı ciltlere uygundur
KULLANIM SIKLIĞI	iki haftada bir kez
	yaşlanan veya kuru ciltler için haftada 2 veya 3 kez
RAF ÖMRÜ	buzdolabında 6 saat
HAZIRLANMA SÜRESİ	5 dakika
TEDAVİ SÜRESİ	20 dakika

taze maydanoz maskesi

Taze maydanoz, özelikle boyun için iyi gelen bu besleyici ve sıkılaştırıcı maskeye A, B, C vitaminleri ve demir katar. Kuru ciltlerde daha fazla besleyici etki için çifte kaymağı, diğer cilt tipleri için de yoğurdu seçin. Yağlar için bkn. sayfa 38-39; Sulu bitkisel çözeltiler için bkn. sayfa 45.

MALZEMELER

1 ufak tutam taze maydanoz
3 yemek kaşığı taze çifte kaymak veya doğal yoğurt
1 yemek kaşığı doğal bal
2 kapsül eşek otu yağı (sadece içi)
dinlendirilmiş şişe suyu
gülsuyu

UYGULAMA

Maydanozu soğuk suda temizleyin ve saplarını mümkün olduğunca ayıklayın. Yaprakları elle veya blender ile ince doğrayın. Çifte kaymak veya yoğurt ve bal ve eşek otu yağını ilave edin. İyice karıştırın.

Bu karışımı, temizlenmiş yüz ve boyuna uygulayın ve yaklaşık 20 dakika bekleyin. Dinlendirilmiş şişe suyu ve pamuk ile durulayın ve kurulayın. Biraz gülsuyu sürün ve doğal kurumaya bırakın.

Kuru, pullu egzama için eşek otu yağı yerine 2 kapsül zembil yağı kullanın. İltihaba karşı daha güçlü etki için maydanoz yerine su teresi kullanın.

ETKİ	besler, temizler, sıkılaştırır, iltihaplanmayı azaltır
CİLT TİPİ	bütün cilt tiplerine özelikle yaşlanan ciltlere uygundur
KULLANIM SIKLIĞI	haftada bir kez
RAF ÖMRÜ	buzdolabında 6 saat
HAZIRLANMA SÜRESİ	10 dakika
TEDAVİ SÜRESİ	20 dakika

avokado ve kaymak maskesi

Bu son derece zengin maske vitamin paketidir: sadece avokado A, B ve C vitaminleri ile faydalı amino asitleri içerir. Taşıyıcı yağlar için bkn. sayfa 34 ve 38; Sulu bitkisel çözeltiler için bkn. sayfa 45.

MALZEMELER

½ çok olgun avokado
2 yemek kaşığı taze çifte kaymak
1 yemek kaşığı buğday içyağı
3 kapsül eşek otu yağı (sadece içleri)
dinlendirilmiş şişe suyu
gülsuyu

UYGULAMA

Kabuğunu soyun ve yarım avokadoyu kaşığın arkası ile ezin. Çifte kaymak, buğday özü yağı ve eşek otu yağını ekleyin ve iyice karıştırın.

Bu karışımı, temizlenmiş yüz ve boyuna uygulayın ve yaklaşık 20 dakika bekleyin. Dinlendirilmiş şişe suyu ve pamuk ile durulayın ve kurulayın. Biraz gülsuyu sürün ve doğal kurumaya bırakın.

Benzer fakat daha güçlü etki için eşek otu yağı yerine 3 kapsül zembil yağı kullanın.

ETKİ	besler
CİLT TİPİ	kuru, yaşlanan
KULLANIM SIKLIĞI	kuru ciltler için haftada iki kez Yaşlanan ciltler için her gün
RAF ÖMRÜ	buzdolabında 6 saat
HAZIRLANMA SÜRESİ	5 dakika
TEDAVİ SÜRESİ	20 dakika

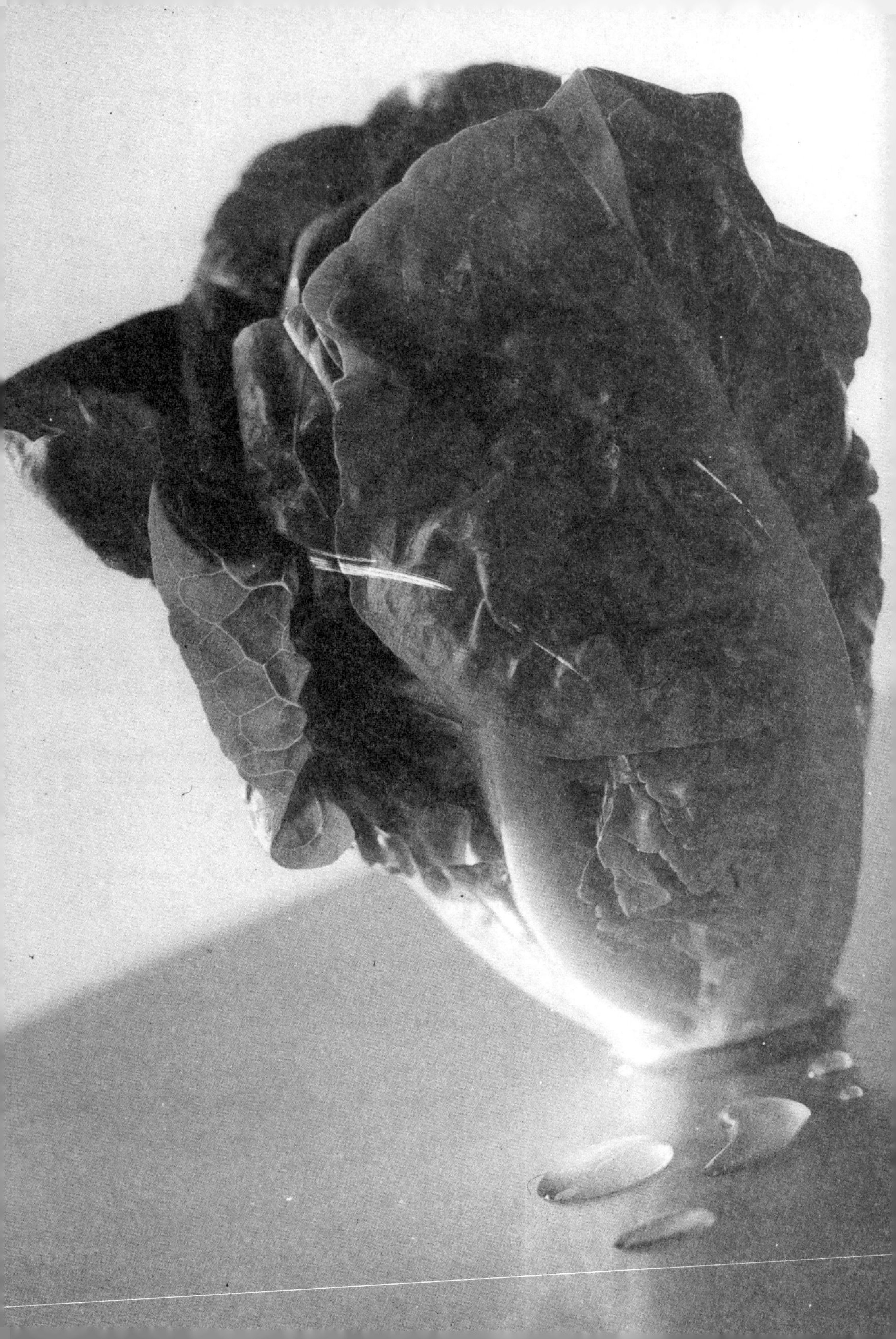

marul yaprağı maskesi

Serinletici ve anti-iltihabik marul yaprakları, isilik ve güneş yanıklarını hızla sakinleştirir. A, C, D, E ve F vitaminleri, değerli mineraller ve iz elementler beslediği kadar su da sağlar.

MALZEMELER

1 çok taze ufak marul, tercihen doğal yetiştirilmiş

UYGULAMA

Marulun yapraklarını ayırıp temizleyin. Kaynayan suya atın ve 5 dakika pişirin. Suyunu dökmeden çabucak süzün. Kaynamış su, kapalı bir kap içinde buzdolabında bekletilebilir ve boyun ve yüz için losyon olarak kullanılabilir..

Soğumuş yaprakları, temizlenmiş yüz ve boyuna dikkatlice uygulayın. Kaygan olacaklardır, ancak mümkün olduğunca, yaklaşık 5-10 dakika bekleyin. Pamuk kullanarak kurulayın.

ALTERNATİF

Pişmiş marul yapraklarını blender içinde püre yapın. Püreye 3 yemek kaşığı beyaz veya yeşil kil ve 1 yemek kaşığı taze havuç suyu karıştırın; sonra 2 yemek kaşığı pişmiş marul suyu ekleyin ve karıştırmadan 30 dakika dinlenmeye bırakın. Macun kıvamına gelene kadar iyice karıştırın.Temizlenmiş yüz ve boyuna iyice uygulayın. Yaklaşık 20 dakika bekleyin. Dinlendirilmiş şişe suyu ile durulayın. Bu maske, egzama ve iltihaptan rahatsız olan kuru veya yaşlanan ciltler için mükemmeldir.

ETKİ	besler, su sağlar, iltihaplanmayı azaltır
CİLT TİPİ	kuru, hasarlı (bkn. Alternatif reçete)
KULLANIM SIKLIĞI	günde bir kez
RAF ÖMRÜ	pişmiş yapraklar buzdolabında 12 saat pişmiş suyu buzdolabında 3 gün
HAZIRLANMA SÜRESİ	10 dakika Alternatif reçete 10 dakika ve 30 dakika dinlenme süresi
TEDAVİ SÜRESİ	10 dakika; alternatif reçete 20 dakika

yüksek besleyici ve vitaminli maske

Havucun yüksek vitamin ve mineral içeriği- A ve B (folik asit), demir, potasyum, magnezyum, mangan, sülfür ve bakır- havucu, cilt bakımı için önemli bir sebze yapar. Burada, en çok kuru ve yaşlanan ciltler için uygun olan ancak, her cilt tipinde duruma bağlı olarak kullanılabilen reçete içinde, (buğday özündeki) E vitamini ve besleyici bal ve yoğurt ile birleşir. Taşıyıcı yağlar için bkn. sayfa 34 ve 38; kil için bkn. sayfa 22-24; sulu bitkisel çözeltiler için bkn. sayfa 14-19 ve 45.

MALZEMELER

1 büyük havuç veya 2 yemek kaşığı havuç
yaklaşık 5 yemek kaşığı buğday özü yağı
2 yemek kaşığı taze bal
2 yemek kaşığı doğal yoğurt
1 çay kaşığı patates nişastası veya kil tozu (gerekirse)
dinlendirilmiş şişe suyu

UYGULAMA

Kendi havuç suyunu hazırlayacaksanız 2 yemek kaşığı olsun. buğday özü, bal, yoğurt ve havuç suyunu karıştırın. Çok kalın ise, buğday özü yağı ve havuç suyu ekleyerek yoğunluğunu ayarlayın. Çok sulu olursa, kil veya patates nişastası ekleyin.

Bu karışımı, temizlenmiş yüz ve boyuna uygulayın ve yaklaşık 20 dakika bekleyin. Dinlendirilmiş şişe suyu ve pamuk ile durulayın ve kurulayın. Uygun bir su içeren bitkisel yağ sürün ve doğal kurumaya bırakın.

ETKİ	cildi sıkılaştırır, pH dengeler
CİLT TİPİ	bütün cilt tipleri için uygundur
KULLANIM SIKLIĞI	kuru ciltler için haftada bir kez yaşlanan veya hasarlı ciltler için her gün diğer cilt tipleri için 3-4 hafta
RAF ÖMRÜ	buzdolabında 6 saat
HAZIRLANMA SÜRESİ	5 dakika
TEDAVİ SÜRESİ	20 dakika

iyileştirici maske

Bu yağ karışımı, yaşlanan veya hasarlı cilde birkaç hafta boyunca her gün uygulanabilecek mükemmel bir maskedir. Kuru veya hassas ciltler de bu maskeden faydalanabilirler. Bu miktar iki haftalıktır. Yağlar için bkn. sayfa 34-41.

MALZEMELER

20ml. buğday özü yağı

20ml. Rosehip yağı

6 kapsül eşek otu yağı (sadece içleri)

10 damla solucan otu bitkisel yağı

dinlendirilmiş şişe suyu

UYGULAMA

Buğday özü, kuşburnu ve eşek otu yağını 50ml. Şişeye (bkn. sayfa 37) koyun ve solucan otu yağını ekleyin. Şişeyi kapatın ve iyice çalkalayın.

Günde iki kez temizlenmiş yüz ve boyuna, dinlendirilmiş şişe suyu ve pamuk ile uygulayın. Göz çevresi dahil bütün yüzeye bir parça yağ sürün. Özelikle kırışıklıkların bulunduğu ve kuru yerlere daha fazla sürün. Çok fazla cömert davranmayın- ciltte sadece ince bir tabaka yağ kalmalı. Emilinceye kadar bekleyin, yaklaşık 20 dakika sürecektir. Yağ kaybolur olmaz makyaj yapabilirsiniz.

ETKİ	cildi besler
CİLT TİPİ	yaşlanan, hasarlı, kuru, hassas Hamileliğin 3-4 aylarında kullanmayın
KULLANIM SIKLIĞI	günde iki kez
RAF ÖMRÜ	1 ay
HAZIRLANMA SÜRESİ	5 dakika
TEDAVİ SÜRESİ	20 dakika

yoğurt ve eşek otu maskesi

Eşek otu yağı içindeki E vitamini ve gama linoleik asit (veya doymamış yağlı asit), en iyi sonuca ulaşmak için haftalarca kullanılması gereken bu canlandırıcı karışım içinde, güçlü bir etkiye sahiptir. Taşıyıcı yağlar için bkn. sayfa 34 ve 38; kil için bkn. sayfa 22-24; Sulu bitkisel çözeltiler için bkn. sayfa 45.

MALZEMELER

3 yemek kaşığı doğal yoğurt
2 kapsül eşek otu yağı (sadece içi)
1 yemek kaşığı doğal bal
2 kapsül E vitamini yağı (sadece içi)
patates nişastası veya kil tozu (gerekirse)
dinlendirilmiş şişe suyu
gül suyu

UYGULAMA

Bütün malzemeyi karıştırın. Karışım çok sıvıysa, biraz kil veya patates nişastasını ilave edin ve tekrar karıştırın.

Bu karışımı, temizlenmiş yüz ve boyuna uygulayın ve yaklaşık 20 dakika bekleyin. Dinlendirilmiş şişe suyu ve pamuk ile durulayın ve kurulayın. Bir miktar gül suyu sürerek cildi havalandırın ve doğal kurumaya bırakın.

ETKİ	cildi besler, pH dengeler, iltihaplanmayı azaltır
CİLT TİPİ	bütün cilt tipleri özelikle kuru ve yaşlanan ciltler için uygundur
KULLANIM SIKLIĞI	yaşlanan ciltler için haftada iki veya daha fazla diğer cilt tipleri için duruma bağlı olarak gerektikçe
RAF ÖMRÜ	buzdolabında 6 saat
HAZIRLANMA SÜRESİ	5 dakika
TEDAVİ SÜRESİ	20 dakika

sıkılaştırıcı ve sulandıran reçeteler

salatalık ve taze nane maskesi

Taze nane ve yumurta akı, ciltte havalandırıcı etkiye sahiptir. Sulandıran ve iltihaba karşı etkili salatalık, bu maskenin iltihaplı ve güneş yanığı olan ciltler için serinletici olarak kullanılabilmesini sağlar.

MALZEMELER

5 taze nane yaprağı

$\frac{1}{4}$ orta boy salatalık

1 büyük yumurta akı

dinlendirilmiş şişe suyu

UYGULAMA

Naneleri doğrayın. Salatalığı soyun ve çekirdeklerini çıkartın. Nane ile birlikte blender içinde püre yapın. Yumurta akını koyulaşıncaya kadar çırpın. Salatalık karışımına ekleyin.

Bu karışımı, temizlenmiş yüz ve boyuna uygulayın ve yaklaşık 20 dakika bekleyin. Dinlendirilmiş şişe suyu ve pamuk ile durulayın ve kurulayın.

ETKİ	gözenekleri sıkıştırır, sulandırır, iltihaplanmayı azaltır
CİLT TİPİ	bütün cilt tipleri için uygundur
KULLANIM SIKLIĞI	haftada bir kez
RAF ÖMRÜ	buzdolabında 6 saat
HAZIRLANMA SÜRESİ	10 dakika
TEDAVİ SÜRESİ	20 dakika

elma suyu ve kil maskesi

Kil maskesine su yerine taze elma suyu koymak, yüz ve boyun için daha havalandırıcı bir karışım yaratır. Besleyici buğday özü yağı, kilin kuru ve yaşlanan ciltlerde kurutucu etkisine karşı etki yapar. Taşıyıcı yağlar için bkn. sayfa 34 ve 38; kil için bkn. sayfa 22-24; sulu bitkisel çözeltiler için bkn. sayfa 45.

MALZEMELER

1-2 elma veya 3 yemek kaşığı taze elma suyu

1 yemek kaşığı buğday özü yağı

2 yemek kaşığı beyaz veya yeşil kil tozu

dinlendirilmiş şişe suyu

gül suyu

UYGULAMA

Elma suyunuzu kendiniz yapacaksanız 3 yemek kaşığı su hazırlayın. Kil maskesi yöntemini (bkn. sayfa 23-24) takip ederek kile, buğday özü yağı karıştırın ve elma suyuna dökün. Macun kıvamına gelene kadar karıştırmadan önce 30 dakika dinlenmeye bırakın.

Boyun ve yüze uygulamak için bkn. sayfa 29. Gül suyu ile bitirin.

ETKİ	cildi sıkılaştırır, temizler, iltihaplanmayı azaltır
CİLT TİPİ	bütün cilt tipleri uygundur
KULLANIM SIKLIĞI	haftada bir veya iki kez
RAF ÖMRÜ	buzdolabında 8 saat
HAZIRLANMA SÜRESİ	5 dakika ve 30 dakika dinlenme süresi
TEDAVİ SÜRESİ	20 dakika

yumurta akı ve limon suyu maskesi

Bu klasik reçete, basitliği ve belirgin etkisi ile hala muhtemelen en iyi temizleyici ve sıkılaştırıcıdır. Elleri yumuşatmak için de mükemmel bir yöntemdir. Yumurta akının, kiri çıkartma becerisi ve limon suyunun, bakteri oluşumunu önleyen etkisi, temizleme özeliğini açıklar. Sulu bitkisel çözeltiler için bkn. sayfa 45.

MALZEMELER

1 büyük yumurtanın akı

½ limon

dinlendirilmiş şişe suyu

gül suyu veya cadı fındık yağı

UYGULAMA

Yumurta akını çırpın ve yarım limonun 1 yemek kaşığı suyunu çıkartın. Suyu yumurta akına ilave edin.

Yüz ve boyuna uygulayın ve yaklaşık 20 dakika bekleyin. Dinlendirilmiş şişe suyu ve pamuk ile durulayın ve kurulayın. Biraz gül suyu veya cadı fındığı yağı sürüp doğal kurumaya bırakın.

ETKİ	cildi sıkılaştırır, temizler, besler
CİLT TİPİ	bütün cilt tipleri uygundur
KULLANIM SIKLIĞI	yaşlanan ciltler için haftada iki kez
	Diğerleri için haftada bir kez
RAF ÖMRÜ	buzdolabında 6 saat
HAZIRLANMA SÜRESİ	5 dakika
TEDAVİ SÜRESİ	20 dakika

taze maydanoz ve kil maskesi

Burada sıkılaştırıcı cadı fındığı, taze maydanozda ki yaşlanmayı yavaşlatan etkenlerle ve zeytin yağı ile birleşerek boyun derisinin havalanması ve beslenmesi için mükemmeldir. Yüze de uygulanabilir, fakat gözlerinize dikkat etmelisiniz. Kil için bkn. sayfa 22-24; taşıyıcı yağlar için bkn. sayfa 34 ve 38; sulu bitkisel çözeltiler için bkn. sayfa 45.

MALZEMELER

Küçük bir demet taze maydanoz
2 yemek kaşığı beyaz veya yeşil kil tozu
3 yemek kaşığı zeytin yağı
2 yemek kaşığı cadı fındık yağı
dinlendirilmiş şişe suyu

UYGULAMA

Maydanozları soğuk suda yıkayın ve yapraklarını ince ince doğramadan önce saplarını ayıklayın. 2 yemek kaşığı doğranmış maydanozu kile karıştırın. Sonra zeytin yağı ve cadı fındığı ekleyip kalın macun kıvamına gelene kadar tekrar karıştırın.

Çene ve boyuna uygulayın ve yaklaşık 20 dakika bekleyin. Dinlendirilmiş şişe suyu ve pamuk ile durulayın ve kurulayın.

UYARI

E vitamininin tedavi edici ve yeniden yapılandırıcı etkisini isterseniz, zeytin yağı yerine buğday özü yağı kullanın.

ETKİ	cildi sıkılaştırır, besler, iltihaplanmayı azaltır
CİLT TİPİ	bütün cilt tipleri uygundur
KULLANIM SIKLIĞI	haftada bir kez
RAF ÖMRÜ	buzdolabında 12 saat
HAZIRLANMA SÜRESİ	5 dakika
TEDAVİ SÜRESİ	20 dakika

yoğurt ve kuşüzümü maskesi

Kuş üzümü içindeki meyve asidi, sıkılaştırır, sulandırır, temizler ve anti- iltihabiktir. Yoğurdun dengeleyici faaliyeti ile tamamlandığı zaman, özelikle yaşlanan, kızarık veya iltihaplı cilt için faydalı bir maske ortaya çıkar. Kuş üzümü, iz elementler, mineraller (kalsiyum, potasyum ve magnezyum), B ve C vitaminleri bakımından zengindir. Dondurulmuş kuşüzümü de olabileceği gibi, mümkünse taze meyve kullanın. Konserve ürün kullanmayın- saklama işlemi sırasında ısıtılır ve suyu mor bir renk alır. Renk çıkartılabilir ama rahatsızlık verir.

MALZEMELER

4 yemek kaşığı kuşüzümü

2 yemek kaşığı doğal yoğurt

dinlendirilmiş şişe suyu

UYGULAMA

Kuş üzümlerini blender içinde ezin. Yoğurdu suyuna ekleyin ve iyice karıştırın.

Yüz ve boyuna uygulayın ve yaklaşık 20 dakika bekleyin. Dinlendirilmiş şişe suyu ve pamuk ile durulayın ve kurulayın.

ETKİ	cildi sıkılaştırır, temizler, sulandırır, pH dengeler, iltihaplanmayı azaltır
CİLT TİPİ	bütün cilt tipleri için özelikle yaşlanan cilt için uygundur
KULLANIM SIKLIĞI	haftada iki kez
RAF ÖMRÜ	buzdolabında 6 saat
HAZIRLANMA SÜRESİ	5 dakika
TEDAVİ SÜRESİ	20 dakika

ahududu maskesi

Ahududu içindeki üç meyve asidi (saliklik, sitrik ve malik) ve süt içindeki laktik asit, 99. sayfadaki ahududu maskesinden daha sıkılaştırıcı ve canlandırıcı olmak için birleşir. Bitkisel yağlar için bkn. sayfa 34 ve 40; sulu bitkisel çözeltiler için bkn. sayfa 45.

MALZEMELER

Yaklaşık 12 ahududu

2 yemek kaşığı taze tam kaymaklı süt

2 damla solucan.otu yağı

dinlendirilmiş şişe suyu

cadı fındığı yağı

UYGULAMA

2 yemek kaşığı püre elde etmek için blender veya kaşığın arkası ile yeterince ahududu ezin. Süte ve solucan otu yağına ekleyin ve iyice karıştırın.

Yüz ve boyuna uygulayın ve yaklaşık 20 dakika bekleyin. Dinlendirilmiş şişe suyu ve pamuk ile durulayın ve kurulayın. Biraz gülsuyu veya cadı fındığı yağı sürüp, doğal kurumaya bırakın.

ETKİ	cildi sıkılaştırır, temizler, iltihaplanmayı azaltır
CİLT TİPİ	kuru, karma ve özelikle yaşlanan cilt tipleri
KULLANIM SIKLIĞI	haftada iki kez
RAF ÖMRÜ	buzdolabında 6 saat
HAZIRLANMA SÜRESİ	5 dakika
TEDAVİ SÜRESİ	20 dakika

yumurta beyazı ve salatalık maskesi

Bu serinletici maske, kuru, kızarık veya iltihaplı cilt için mükemmeldir. Hem yumurta akı hem de portakal suyunun tonik etkisi vardır. Salatalık sulandırır ve anti-iltihabiktir. Salatalık ayrıca, A, B ve C vitaminleri, sülfür, mangan ve iyodin içerir. Sulu bitkisel çözeltiler için bkn. sayfa 45.

MALZEMELER

1 büyük yumurta akı

½ portakal

¼ salatalık

dinlendirilmiş şişe suyu

cadı fındığı yağı veya gülsuyu

UYGULAMA

Bir yumurta akını çırpın. Yarım portakalı sıkın ve 1 yemek kaşığı suyunu çıkartın. 2 yemek kaşığını dolduracak kadar salatalık rendeleyin. Salatalığı, yumurta akının içine ve portakal suyunu ekleyerek karıştırın.

Yüz ve boyuna uygulayın ve yaklaşık 20 dakika bekleyin. Dinlendirilmiş şişe suyu ve pamuk ile durulayın ve kurulayın. Biraz cadı fındığı veya gülsuyu sürün ve doğal kurumaya bırakın.

ETKİ	sıkılaştırır, temizler, sulandırır, iltihaplanmayı azaltır
CİLT TİPİ	kuru, karma, yaşlanan, hasarlı
KULLANIM SIKLIĞI	haftada bir veya iki kez
RAF ÖMRÜ	buzdolabında 6 saat
HAZIRLANMA SÜRESİ	5 dakika
TEDAVİ SÜRESİ	20 dakika

taze kaymak ve üzüm losyonu

Üzüm, mineraller (potasyum, mangan, kalsiyum, sodyum ve iyodin) ve A, B ve C vitaminleri ile zengindir. Siyah üzümün yaşlanmaya karşı güçlü bir etkisi vardır, bu yüzden, mümkünse bunu tercih edin. Bu reçetede üzüm ve limon suyu cildi sıkılaştırırken, besleyici kaymak güçlü etkisini dengeler. Sulu bitkisel çözeltiler için bkn. sayfa 45.

MALZEMELER

Üzüm veya 1 yemek kaşığı üzüm suyu

½ limon

1 yemek kaşığı taze çifte kaymak

dinlendirilmiş şişe suyu

cadı fındığı yağı

UYGULAMA

Bir yumurta akını çırpın. Yarım portakalı sıkın ve 1 yemek kaşığı suyunu çıkartın. 2 yemek kaşığını dolduracak kadar salatalık rendeleyin. Salatalığı yumurta akının içine ve portakal suyunu ekleyerek karıştırın.

Yüz ve boyuna uygulayın ve yaklaşık 10 dakika bekleyin. Dinlendirilmiş şişe suyu ve pamuk ile durulayın. Biraz cadı fındığı ile bitirin ve doğal kurumaya bırakın.

ETKİ	sıkılaştırır, besler
CİLT TİPİ	bütün cilt tipleri için uygundur
KULLANIM SIKLIĞI	haftada bir kez
RAF ÖMRÜ	buzdolabında 6 saat
HAZIRLANMA SÜRESİ	5 dakika
TEDAVİ SÜRESİ	10 dakika

elma kolonyası

Taze elma suyunda ki malik asit yumuşak toniktir, sıkılaştırıcıdır ve cildi temiz tutmaya yardımcı olur. Bu reçete hassas ciltler için uygundur. Yüksek alkol içeriğinden dolayı haftalarca saklanabilir, bu yüzden seyahat sırasında kullanışlıdır. İyi kalite aftersahve kullanmak, kolonya kullanmaktan daha iyidir, çünkü serinletici bitkisel yağlar içerir.

MALZEMELER

3-4 elma veya 100ml. Taze elma suyu

1 çay kaşığı deniz tuzu

1 yemek kaşığı doğal bal

60ml. İyi kalite kolonya veya aftershave

UYGULAMA

Elma suyunu kendiniz hazırlayacaksınız 100ml. Hazırlayın ve kağıt peçete ile süzün. Suyuna, deniz tuzu, bal ve kolonya veya aftershave ekleyin. Bir şişeye dökün ve ağzını kapatarak iyice çalkalayın.

Yüz ve boyuna uygulayarak günde iki kez kullanın ve doğal kurumaya bırakın.

ETKİ	sıkılaştırır, sulandırır, temizler, besler
CİLT TİPİ	bütün cilt tipleri için uygundur
KULLANIM SIKLIĞI	günde iki kez
RAF ÖMRÜ	1 ay
HAZIRLANMA SÜRESİ	5 dakika
TEDAVİ SÜRESİ	20 dakika

gül suyu sıkılaştırıcı losyon

Limon suyu, gül suyu ve cadı fındığı karışımı, onu dengede tutmak için nemlendirici, besleyici bala ihtiyaç duyar. Bir önceki reçete gibi, bu da seyahat sırasında kullanışlıdır. Sakinleştirici etkisini arttırmak isterseniz, aftershave tercih edin. Sulu bitkisel çözeltiler için bkn. sayfa 45.

MALZEMELER

½ limon

50ml. Gül suyu

50ml. Cadı fındığı

1 yemek kaşığı tabii bal

kolonya veya aftershave

UYGULAMA

Yarım limonun suyunu sıkın. Gül suyu ve cadı fındığı karıştırın ve sonra bal, limon suyu ve kolonya veya aftershave ilave edin. İyice karıştırın. Bir şişeye dökün ve saklamak için ağzını kapatın.

Yüz ve boyuna pamuk ile günde iki kez uygulayın ve doğal kurumaya bırakın.

ETKİ	sıkılaştırır
CİLT TİPİ	bütün cilt tipleri için uygundur
KULLANIM SIKLIĞI	günde iki kez
RAF ÖMRÜ	1 ay
HAZIRLANMA SÜRESİ	5 dakika
TEDAVİ SÜRESİ	20 dakika

salatalık ve sirke losyonu

İltihaplanmayı sulandıran ve azaltan salatalıktır. Sirke ve votka burada vazgeçilmez havalandırıcılardır. Elinizde kozmetik sirke varsa, bu reçete kolayca hazırlanabilir. Yoksa, özeliklerini ve nasıl yapılacağını öğrenmek için 46. sayfaya dönün. İyi kaliteli beyaz şarap veya elma sirkesi kullanmalısınız.

MALZEMELER

½ salatalık

kozmetik sirke

2 yemek kaşığı sert votka

UYGULAMA

Salatalığı soyun ve çekirdeklerini çıkartın. Blender ile hamur haline getirin. Bütün suyunu çıkartın ve süzerek saklayın. Salatalık suyuna eşit miktarda kozmetik sirke ve sonra votka ilave edin ve iyice çalkalayın. Ağzı kapalı şişe içinde buzdolabında saklayın.

Yüz ve boyuna pamuk ile günde iki kez uygulayın ve doğal kurumaya bırakın.

ETKİ	sıkılaştırır, sulandırır, iltihaplanmayı azaltır
CİLT TİPİ	bütün cilt tipleri için uygundur
KULLANIM SIKLIĞI	günde iki kez
RAF ÖMRÜ	buzdolabında iki hafta
HAZIRLANMA SÜRESİ	10 dakika
TEDAVİ SÜRESİ	20 dakika

arpa ve biberiye losyonu

Biberiye, ciltte kan dolaşımını arttırarak cildi sıkılaştırır. Arpa suyu, yumuşak besleyici özeliklerinin yanında temizleyicidir; arpa B ve E vitaminleri ve faydalı mineraller (iyodin, potasyum, kalsiyum, magnezyum, demir ve bakır) içerir. 24 saat beklemiş arpa, zorunlu değildir ancak, beklerse hassas ciltler için yeterince yumuşak olan, değişik deri soyucu enzimler üretir.

MALZEMELER

100gr. arpa

1 lt. su

bol bir avuç taze biberiye veya 3 yemek kaşığı kurutulmuş biberiye

UYGULAMA

İdeal olarak arpayı soğuk su ile kaplayın ve 24 saat bırakın. Suyunu süzün. Beklemiş arpayı 1 lt. taze suda 30 dakika pişirin. Hemen süzün. Biberiyeyi pişen suya ekleyin, üstünü kapatarak soğuyana kadar demlenmeye bırakın. Sıvıyı tekrar süzün ve ağzı kapalı şişe içinde buzdolabında saklayın.

Yüz ve boyuna pamuk ile günde iki kez uygulayın ve doğal kurumaya bırakın.

ETKİ	sıkılaştırır, temizler, besler, iltihaplanmayı azaltır
CİLT TİPİ	bütün cilt tipleri için uygundur
KULLANIM SIKLIĞI	günde iki kez
RAF ÖMRÜ	buzdolabında 4 gün
HAZIRLANMA SÜRESİ	40 dakika ve 24 saat 'demlenme süresi'
TEDAVİ SÜRESİ	20 dakika

taze meyve suyu temizleyici ve sıkılaştırıcı

Bu reçetenin en iyi sonucu, çok taze malzeme kullanımına bağlıdır. Burada, sıkılaştırıcı meyve asitleri karışımında limon, esas rolü oynar. Kuş üzümü üzerine tavsiyeler için bkn. sayfa 99; üzüm için bkn. sayfa 103.

MALZEMELER

½ bardak kuş üzümü

yaklaşık 10 üzüm veya 75ml. taze üzüm suyu

½ limon

UYGULAMA

Kuş üzümlerini blender içinde parçalayın ve süzün. 75ml. üzüm suyuna ihtiyacınız olacak. Kendi üzüm suyunuzu yapıyorsanız aynısını tekrarlayın. Yarım limondan 1 yemek kaşığı limon suyu sıkın. Üzüm ve kuş üzümü suyunu bir şişeye dökün ve limon suyunu ekleyin. Ağzını kapatın ve buzdolabında saklayın.

Yüz ve boyuna pamuk ile günde iki kez uygulayın ve doğal kurumaya bırakın.

ETKİ	sıkılaştırır, sulandırır
CİLT TİPİ	bütün cilt tipleri için uygundur
KULLANIM SIKLIĞI	günde iki kez
RAF ÖMRÜ	buzdolabında 48 saat
HAZIRLANMA SÜRESİ	10 dakika
TEDAVİ SÜRESİ	20 dakika

gül suyu, bal ve limon losyonu

Bu reçete, gül suyunun sıkılaştırıcı etkisi ile balın besleyici özeliklerini ve limon suyunun güçlü sıkılaştırıcı etkisini birleştirir. Bir haftalık hazırlamak isterseniz buradaki ölçüleri beşe katlayın. Sulu bitkisel çözeltiler için bkn. sayfa 45.

MALZEMELER

½ limon

2 yemek kaşığı gül suyu

1 çay kaşığı tabii bal•

UYGULAMA

Yarım limonun suyunu sıkın ve gül suyu ve balı karıştırın.

Yüz ve boyuna pamuk ile günde bir kez uygulayın ve doğal kurumaya bırakın.

ETKİ	sıkılaştırır, sulandırır, besler, temizler
CİLT TİPİ	bütün cilt tipleri için uygundur
KULLANIM SIKLIĞI	günde bir kez
RAF ÖMRÜ	buzdolabında 1 hafta
HAZIRLANMA SÜRESİ	2 dakika
TEDAVİ SÜRESİ	20 dakika

taze kavun losyonu

Kavun, daha çok su ve doğal şekerlerden ve az miktarda A, B ve C vitaminlerinden oluşan serinleticidir ve sulandırır. Aslında tek başına kullanılan kavun, yumuşak yanık veya güneş yanığını çabucak serinletir. Limon, temizleyici ve sıkılaştırıcı ve zeytin yağı, tamamlayıcıdır ve birlikte cildin pH'ını dengelerler. Taşıyıcı yağlar için bkn. sayfa 34 ve 38.

MALZEMELER

¼ taze, olgun kavun

½ limon

1 yemek kaşığı zeytin yağı

UYGULAMA

Kavunu soyun ve çekirdeklerini çıkartın. Yarım limonun 1 çay kaşığı suyunu sıkın. Blender ile kavunu püre haline getirin. Suyunu süzün. Kavun suyuna, zeytin yağı ve limon suyu ekleyin ve ağzı kapalı şişe veya kap içinde buzdolabında saklayın.

Kullanmadan önce iyice çalkalayın. Yüz ve boyuna pamuk ile günde iki kez uygulayın ve doğal kurumaya bırakın.

ALTERNATİF

Daha uzun süre saklanabilir fakat daha az sulandıran reçete için limon suyundan sonra, 2 yemek kaşığı iyi kalite kolonya veya aftershave ilave edin.

ETKİ	sıkılaştırır, sulandırır, iltihaplanmayı azaltır
CİLT TİPİ	bütün cilt tipleri için uygundur
KULLANIM SIKLIĞI	günde iki kez
RAF ÖMRÜ	buzdolabında 48 saat, alternatif reçete 2 hafta
HAZIRLANMA SÜRESİ	10 dakika
TEDAVİ SÜRESİ	20 dakika

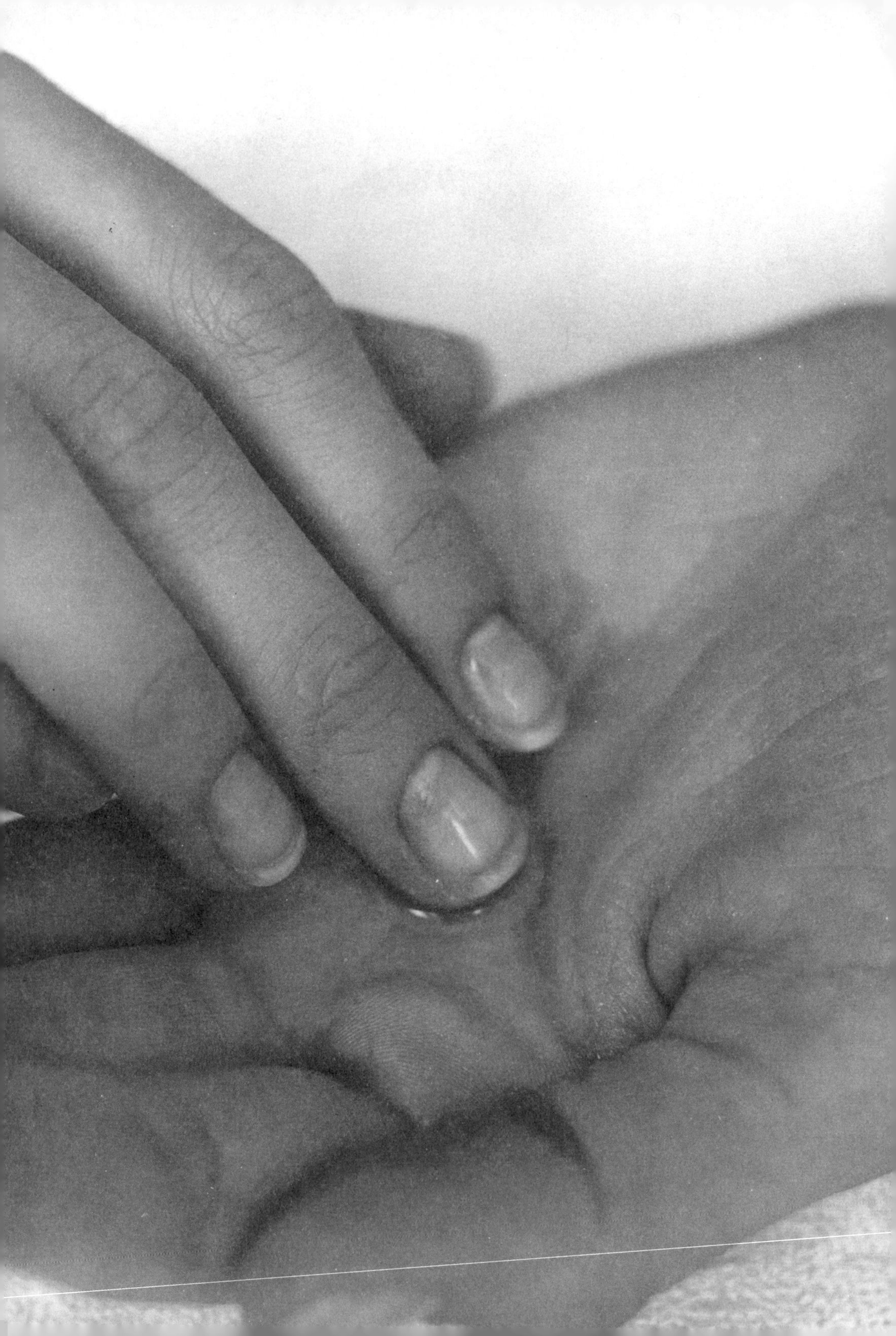

cilt problemlerinin tedavisi

sivilce

Bu çok yaygın durum, kadınları erkeklerden daha çok etkiler. Ergenlik ile ilgili olarak, ergenlik çağında başlamasına rağmen yıllarca tekrarlayabilir. Karakteristik yağ bezeleri- gerçekte şişmiş yağ bezleri (bkn. sayfa 6)- sık sık iltihaplanır ve sıkıldığında cildin yüzeyindeki bakteriyel faaliyetten dolayı, tekrar iltihaplanmaya neden olan siyah veya beyaz başları oluşur. Bezeler nihayet indiğinde, bazı yaralar neredeyse kaçınılmazdır. Daha çok yüz etkilenir gibi görünür ancak sivilce, boyunda, omuzlarda, sırtta ve bazen de çene üstünde görülebilir.

Sivilce, özelikle yağ bezleri testesterona hassas kişilerde görülür. Erkek hormonu olarak bilinen hormon, aslında her iki cinsiyet tarafından da farklı miktarlarda üretilir. Tıbbi araştırmalar, testesteron miktarının her ay dönemi sonunda, regl dönemi öncesinde kadınların cildinde arttığını göstermiştir ve bu da, kadınların neden daha çok sivilceye maruz kaldıklarını ve her ayın aynı döneminde durumun neden daha kötü olduğunu açıklar.

Mevcut kanıtlar, yemek alışkanlıklarındaki değişikliklerin, stres düzeyinin değişmesinin ve güneşlenmenin, sivilceyi daha iyi veya kötü etkilediğini gösterir. Yine de sebep, ağırlıklı olarak hormonal ve kalıtımsal olduğu için, kişinin genetik makyajını değiştirmedikçe, sivilcenin tedavi edilemez olacağını söylemek mümkündür.

Bu kişilerde çok az miktarda saç spreyi bile, aniden sivilce çıkmasına neden olur. Sprey içinde ki plastik bileşenler, genelde ağız, çene ve yanaklarda ki gözenekleri tıkar. Yaygın bakterilerin çoğu, düşük oksijen canlılarıdır ve aslında bu durumlarda büyürler. Bu yüzden eğer sivilce probleminiz varsa, kozmetik ve saç ürünleri üzerinde ki etiketleri dikkatli okuyun ve vinil veya diğer plastikler gibi, sentetik polimerler içerenleri kullanmayın.

Siyah noktalar, beyaz noktalar ve noktaların hepsi, yağ bezlerinin aşırı salgılamasından ve genelde buna bağlı enfeksiyonlardan oluşur.

GELENEKSEL TEDAVİ

Standart tedavi mikropların, küçük yağ bezelerinde çoğalmasını engelleyen antibiyotiklerin düzenli kullanılmasıdır.

Şiddetli durumlarda A vitamini (veya retinoid) asidi, sivilcenin tüm belirtilerini ortadan kaldırmayı ancak, genelde durumun şiddetle daha kötüye gitmesinden sonra başarır. Ayrıca bu tedavinin ciddi yan etkileri olabilir: karaciğerin işlev kaybı, ağrılı iltihaplanma ve eklemlerin kasılmasıyla birlikte şiddetli romatizmal belirtiler ve yüksek kolesterol bunlar arasındadır. Hamile bayanlar için kesinlikle yasaktır ve hastalar, tedavi bittikten en az üç ay sonrasına kadar hamile kalmamaları için uyarılır. Aslında etkileri, tedavinin sadece hastanede yapılmasını gerektirecek kadar ciddi olabilir: doktorunuz gerekli olan düzenli takibi sağlayamayacaktır.

ALTERNATİF TEDAVİ

Geleneksel tedaviye ve onların uzun süreli yan etkilerine en iyi alternatif, anti-bakteriyel ve anti-iltihabik olan ve cildin doğal yağlı salgı üretimini de dengeleyen bitkisel yağları kullanmaktadır. Cildi temiz tutmak da tabii ki zorunludur ve iltihabı arttırma riski olsa da buhar genelde etkilidir. Siyah veya beyaz noktaları sıkma isteğine karşı konulmalıdır. Sıkmak sadece iltihabın ve yaranın ilerlemesine neden olur. Sulu bitkisel çözeltiler için bkn. sayfa 34-44; buhar için bkn. sayfa 33.

GÜNDE İKİ KEZ

Temizlemek için 1 parça cadı fındığı yağı, 1 parça soğuk papatya çayı ve birkaç damla taze limon suyu kullanarak basit bir temizleme losyonu uygulayın. Karışımın buzdolabında yedi gün ömrü vardır bu yüzden, bir haftalık losyonu bir seferde hazırlayın.

Bakteriyel faaliyeti kontrol etmek için Fındık gibi sıkılaştırıcı taşıyıcı yağları, aşağıdakiler ile birleştirerek bölgeye masaj yapın.

1. anti bakteriyel bitkisel yağlardan biri: ardıç, niaouli veya çay ağacı ve
2. anti iltihabik yağlardan biri: papatya veya lavanta

HAFTADA İKİ KEZ

Derin temizlik ve beslenme için canlandırıcı kil ve deniz yosunu reçetesini uygulayın (sayfa 74). Kil, yağı, kiri ve bakteriyi çok etkin bir şekilde çıkartması yanında (demir oksit, kalsiyum ve çeşitli tuzlar dahil) mineraller ve (bakır, magnezyum ve çinko dahil) iz elementler içerir. Deniz yosunu, A vitaminin tüm çeşitlerini sağlarken kil, hasarlı cildin doğal serinlemesine yardımcı olur. Bu karışımı kile, 3 damla papatya, ardıç veya niaouli bitkisel yağı ekleyerek güçlendirebilirsiniz. Alternatif olarak, sadece bitki yağınızı basit kil maskesine (sayfa 23) ekleyin.

HAFTADA BİR VEYA İKİ KEZ

Aşırı yağı çıkartmak ve tıkanmış gözenekleri açmak için 117. sayfada listelenen anti bakteriyel ve anti-iltihabik bitkisel yağlardan birkaç damla veya 1 yemek kaşığı dolusu kurutulmuş papatya, altıncık, kekik veya beyaz civan perçemi koyarak buhar banyosu yapın. Bu kızarıklıkların da geçmesine yardımcı olacaktır.

çıbanlar

Birçok durumda bakteriyel enfeksiyonlar nedeniyle oluşan çıbanlar, kıl kökleri içinde yerleşir. İrin toplamış, kabarmış, iltihaplı ve ağrılı büyük, tek çıban veya daha küçük bir grup çıban gelişir.

GELENEKSEL TEDAVİ

Düzenli antibiyotik kullanımı alışılmış reçetedir. Özelikle aynı yerde tekrar çıban çıkarsa yara izleri bırakabilir.

ALTERNATİF TEDAVİ

Yağlar için bkn. sayfa 34-41; kil için bkn. sayfa 22-23; çaylar için sayfa 30.

GÜNDE İKİ KEZ

Derin temizlik için temel kil karışımının bölgesel uygulanması, irin, toksin ve enfeksiyon artığının temizlenmesine yardımcı olacaktır; suya alternatif olarak, salatalık suyu veya soğuk papatya çayı kullanın.

Acı ve iltihaplanmayı azaltmak için bir dilim çiğ patates uygulayın. Çiğ lahana yaprağı da iltihaplanmayı azaltmak ve serinlemeyi arttırmak için çok iyidir.

Serinletmek için Enfekte bölgeye günde üç veya dört kez pamukla saf ardıç, niaouli veya çay ağacı bitki yağı uygulayın.

SERİNLETME SONRASI

Yara izini azaltmak ve daha fazla enfeksiyonu önlemek için günde iki kez eşit miktarlarda kuşburnu ve tatlı badem taşıyıcı yağları ile aşağıdaki bitkisel yağların ikisinin % 5'i ile karışımı, masaj yaparak uygulayın: niaouli veya çay ağacından biri ile lavanta. Alternatif olarak saf E vitamini yağını, günde iki kez direkt olarak yaraya sürün.

çatlaklar

Bunlar genelde ağız çevresinde, burun deliklerinin kenarlarında ve kulakların arkasında, nadiren parmaklarda ve bazen de mantar veya bakteriyel enfeksiyonlarla birlikte belirirler.

GELENEKSEL TEDAVİ

Birçok insan antiseptik kremlere güvenir.

ALTERNATİF TEDAVİ

Çaylar için bkn. sayfa 30; kozmetik sirke için bkn. sayfa 46; yağlar için bkn. sayfa 34-41.

GÜNDE İKİ KEZ

Temizlemek için 1 çay kaşığı kozmetik sirke ile karıştırılmış yarım kupa soğuk papatya çayı ile etkilenen bölgeyi yıkayın.

Serinletmek için bölgesel olarak kayısı çekirdeği ile % 10 E vitamini içeren veya, sedir ağacı veya servi gibi serinletici/sıkılaştırıcı bitkisel yağlar ile yarı yarıya altıncık ve taşıyıcı olarak kuşburnu çekirdeği ve aşağıdaki antiseptik bitkisel yağlardan biri karıştırılmış bir yağ karışımı uygulayın: lavanta, limon, niauli, gül ağacı veya çay ağacı. Taze, çiğ lahana yaprağı uygulaması da etkili olabilir.

hasarlı cilt

Cildin genel görünümü sivilce, kaza, yanık veya ameliyatla veya kronik egzama yüzünden, şiddetli yaralar halindedir ve genelde doğal cilt bakım programı ile düzelebilir. Geleneksel bir tedavi yöntemi bulunmamaktadır.

ALTERNATİF TEDAVİ

Serinletici yağ veya maskeleri uygulamadan önce, hasarlı cildi iyice temizlemek şarttır. Kil maskesi özelikle faydalıdır ve taze sıkılmış ananas veya standart kil maskesi içinde, su yerine papaya, epidermis üzerinde ki etkisini büyük oranda arttırır. Yağlar için bkn. sayfa 34-41; kil için bkn. sayfa 22-24.

GÜNLÜK

İltihaplanmayı azaltmak için sebze maskeleri faydalıdır. Marul yaprağı tedavisinde (sayfa 87) lahana yaprağı kullanın veya yarı yarıya taze lahana ve havuç suyu karışımı sürün. Sebze sularına, kalınlaştırıcı etken olarak biraz kil tozu da, basit bir maske olacaktır; dinlendirilmiş şişe suyu ve pamukla çıkartmadan önce cilt üzerinde 20 dakika bırakın.

Görüntüyü düzeltmek için aşağıda ki yağ karışımlarından biri ile hafifçe ıslatılmış pamuk kullanarak bölgesel olarak uygulayın: (40 damla bitkisel yağ = 1ml.)

1. **Taşıyıcı yağ**: 100ml. Kuşburnu çekirdeği. Bitkisel yağlar: 1ml. Sedir ağacı, 2ml. Solucan otu, 1ml. Sandal ağacı.

2. **Taşıyıcı yağlar**: 50ml. «Kuşburnu çekirdeği», 25ml. Altıncık ve 25ml. Binbirdirek otu.

Bitkisel yağlar: 2ml. Frankisen, 2ml. İdris otu, 1ml. Biberiye.
Her birine üç kapsül içi zembil (veya eşek otu) ve E vitamini de eklenebilir.

HAFTADA İKİ KEZ

Derin temizlik için ananas deriyi soyan maske (sayfa 65) veya bir papaya deriyi soyan losyon (sayfa 68) kullanın. Saf papaya suyu uygulaması, daha hızlı bir alternatiftir- 5 dakika sonra çıkartın.

egzama

Bir kişiyi dört açıdan etkiler. İsilik belirtileri ile birlikte kabartılar, su toplama, kaşıntı ve yaralar. Etkilenen bölgede bakteri cildin kızarık, iltihaplı ve bazen irinli olmasına yol açarak hızla çoğalır. Egzama allerjik bir tepki olabileceği gibi, sebepleri bazen bilinmez; bazı çeşitleri kalıtsal olduğu için tedavi edilemez.

GELENEKSEL TEDAVİ

Antibiyotik, anti-iltihabik ilaçlar ve kortizon kremi tavsiye edilen yaklaşımdır.

ALTERNATİF TEDAVİ

Kronik egzama için, hasarlı cilt altında belirtilen tedavileri de göz önünde bulundurun. Yağlar için bkn. sayfa (34-41); kil için bkn. sayfa 22-24; çaylar için bkn. Sayfa 30.

GÜNLÜK

İltihaplanmayı azaltmak için bkn. Hasarlı cilt. Salatalık, patates veya su teresi suyu da direkt olarak, cilde pamukla uygulanabilir.

Sakinleştirmek ve iyileştirmek için yağ karışımı ile günde iki kez masaj yapın. En faydalı bitkisel yağlar papatya veya lavanta gibi anti-iltihabik ve ardıç, limon, niaouli, gül ağacı ve çay ağacı gibi antibakteriyel, anti-mantar ve anti virüs yağlardır. İki veya üç bitkisel yağ seçin ve altıncık, binbirdirek otu (yara otu) veya kuşburnu çekirdeği taşıyıcı yağı ile karıştırın; cilt çok kuru ise taşıyıcı yağ(lar) içine, yukarıdakilerin yerine, aşağıdakilerden bir veya ikisinden % 10 ilave edin: zembil (veya eşek otu yağı) ve E vitamini.

HAFTADA İKİ KEZ

Sakinleştirmek, temizlemek ve iyileştirmek için su yerine taze salatalık, havuç, lahana, üzüm veya kavun suyu veya papatya çayı kullanarak kil maskesi uygulayın. Cilt çok kuru ise, maskeye 1 yemek kaşığı zeytin yağı ilave edin.

ölü deri pullanması

Bu kronik, kalıtsal cilt durumu epidermisde aşırı sayıdaki hücrelerin hem iltihaba, hem de pul pul dökülmeye neden olarak, birikmesi olarak tanımlanabilir. Tamamen tedavi olması mümkün değildir ancak, uzun süreli rahatlama sağlanır.

GELENEKSEL TEDAVİ

Orta şiddetli durumlar kömür katranı, saliklik asit veya çinko ve ultraviyole radyasyon ile birlikte psoralen (cildi radyasyona daha duyarlı hale getiren bir molekül) içeren karışımlarla tedavi edilir. En kötü durumlarda düzenli A vitamini asidi de bütün belirtileri yok etmede etkilidir ancak, bazı ciddi yan etkileri vardır: 117. sayfada sivilce altında belirtilen, diğer tip A vitamini terapisinin yan etkileri üzerine uyarılara bakınız. Ayrıca böbrek bozuklukları belirlenmiştir ve tedavi sırasında ve iki yıl sonrasına kadar hamile kalınmamalıdır.

ALTERNATİF TEDAVİ

Güneşin bu cilt üzerinde faydalı bir etkisi vardır. Zeytin yağı karışımı ve bergamot bitki yağı karışımı ile günlük masaj yan etkisizdir ve genelde iyi bir gelişme sağlar. 100ml. Zeytin yağına 1ml. Den fazla bergamot yağı kullanmayın. Bergamot bitkisel yağlar listesinde belirtilmemiştir çünkü, psoralen içerir ve bu yüzden genel kullanıma uygun değildir (bkn. sayfa 9). Yağlar için bkn. sayfa 34-39.

kırmızı kabarıklıklar

Başlangıçta burun ve yanakların üstünde ve çevresinde küçük kırmızı noktalar belirir. Belirtiler, aşırı kaşınma veya yanma olarak aniden çıkar ve tekrarlar. Kronik kırmızı kabarıklıklar son evresinde kan toplanması ve hatta etkilenen bölgede (özelikle burunda) deformasyon meydana gelebilir. Kırmızı kabarıklıklardan etkilenen cilt kuru, sıcak ve iltihaplıdır. Genelde, sivilce veya yağ bezlerinin aşırı faaliyetinden kaynaklanan deri yangısı gibi, cildin yağlı olduğu durumlarla ilgilidir. Sebebi bilinmemektedir.

GELENEKSEL TEDAVİ

Düzenli antibiyotik kullanımı en yaygın tedavidir. A vitamini asitlerinden biri de oldukça başarılıdır, fakat yan etkileri için sivilce bölümüne bakınız. En kötü durumlarda kozmetik ameliyat en son seçenektir. Burun ve çevresindeki etkilenen doku bölgesi, büyük oranda çıkartılır, fakat belli miktarda yara izi bırakmadan yapılamaz.

ALTERNATİF TEDAVİ

En iyi sonuç için kırmızı kabarıklıklar başlangıç aşamasında tedavi edilmelidir. Anti bakteriyel ve anti-iltihabik bitkisel yağlar, geleneksel tedavi ve uzun süreli yan etkilerine en iyi alternatifi oluşturur. Yağlar için bkn. sayfa 34-41; çaylar için bkn. sayfa 30; kil için bkn. sayfa 22-23.

GÜNLÜK

Tedavi etmek ve sakinleştirmek için altıncık veya binbirdirek otu (yara otu) ile birlikte fındık gibi sıkılaştırıcı taşıyıcı yağ ve papatya, solucan otu, lavanta, idris otu, gül ağacı ve çay ağacı yağlarından ikisini seçerek, elde edilen karışımı kullanarak durumu tekrar kontrol altına almak ve genelde tedavi etmek mümkündür. Hafifçe vurarak pamukla uygulayın.

Sakinleştirmek için papatya çayı, acı ve iltihaplanmanın çabuk rahatlamasını sağlar. Lahana, marul ve su teresi de akut iltihaplar için iyidir. Pişirilmiş yapraklar, direkt olarak veya eşit miktarlarda salatalık suyu ile karıştırılmış olarak (bkn. sayfa 87) ve losyon olarak cilde uygulanabilir veya temel kil maskesi içinde su yerine kullanılabilirler. Alternatif olarak basit bir maske için, püre, eşit miktarda kil tozu ile, gerekirse daha fazla püre veya kil ile ayarlanarak karıştırılabilir.

HAFTADA İKİ KEZ

İltihaplanmayı yok etmek için salatalık suyu (bkn. sayfa 55) kullanarak serinletici kil maskesi veya şişe suyu yerine papatya çayı kullanarak (bkn. sayfa 58) kil losyonu uygulamak faydalıdır. Yüzü buhara tutmayın.

Serinletmek ve sakinleştirmek için kavun ve kuş üzümü anti-iltihabiktir. Serinletici, sakinleştirici losyon olarak papatya çayı ile karıştırılmış taze sebze suyu ve maske olarak kil ile meyve (bir önce ki sayfada serinletmeye bakınız) kullanın.

yağ bezlerinin aşırı faaliyetinden kaynaklanan deri yangısı

Bu iltihaplanma, hiper aktif yağ bezleri (bkn. sayfa 6) yüzünden oluşur ve en yaygın yağlı veya karma ciltli insanlarda bulunur. Önce alında ve burun yanlarında belirir ve yüzün diğer bölümlerine ve kafa derisine hızla yayılır. Bu aşamada güneş yanığı görüntüsü verir ve gerçekte de genellikle rahatsız edici, yanma duygusu yaşanır. Bu iltihaplanmalarda her zaman mantar mayası organizmalar bulunur.

GELENEKSEL TEDAVİ

Kömür katranı, çinko ve saliklik uygulamalar, genelde yüz ve saç derisine uygulanır. Mantar tedavilerine de cevap verir ancak, kortizon kremlerinin uygulanması daha kötü yapar.

ALTERNATİF TEDAVİ

Yağlı salgı üretimini düzenleyebilen anti bakteriyel ve anti-iltihabik bitkisel yağlar, en iyi alternatif tedaviyi oluşturur. Yağlar için bkn. sayfa 34-44; buhar uygulaması için; sayfa 33; kil için; sayfa 22-23.

GÜNDE İKİ KEZ

Bakteri veya maya faaliyetini kontrol etmek için niaouli, gül ağacı veya çay ağacı gibi mantara karşı bitkisel yağlar ve papatya veya lavanta gibi anti iltihabik bitkisel yağlarla karışmış, fındık gibi sıkılaştırıcı taşıyıcı yağ kullanarak masaj yapın. Zembil yağının günlük uygulaması bazı durumlarda hızla fayda sağlar; yukarıdaki reçetede taşıyıcı yağ yerine % 15'den fazla olmamak üzere zembil yağı ve pamuk kullanarak bölgesel olarak uygulayın.

Sakinleştirmek için Salatalık suyu ve su teresi veya lahana, akut iltihaplanmaları serinletecektir. Su teresi ve lahana için bkn. Kırmızı kabarıklıklar.

HAFTALIK

Tıkanmış gözenekleri temizlemek için düzenli buhar, aşırı yağlı salgı çıkartacak ve anti-iltihabik ve antibakteriyel yağ veya bitki (bkn. Sayfa 33) ilavesi kızarıklıkların bazılarını ortadan kaldıracaktır. Mümkünse bunu haftada birden fazla yapın.

Derin temizlik için temel kil maskesi çok etkilidir. Yağ, kir ve bakterileri çıkartmasının yanında kil, hasarlı cildin doğal iyileşmesinde önemli mineraller ve iz elementleri sağlar. Ananas (sayfa 65) ve papaya (sayfa 68) gibi daha güçlü meyve maskeleri ve losyonlar da faydalıdır.

güneş yanığı

Eğer çok şiddetli ise hemen doktora gidilmelidir; güneş çarpması için özel giysi giymeniz, antibiyotik kullanmanız veya tedavi görmeniz gerebilir.

ALTERNATİF TEDAVİ

Yağlar için bkn. Sayfa 34-41

GÜNDE İKİ KEZ

Orta şiddetli güneş yanığını iyileştirmek için saf lavanta bitki yağını en çok etkilenen bölgeye hafifçe sürün. Diğer bölgelerde lavanta yağını, % 5'ten fazla kullanmadan yarı yarıya altıncık ve zeytin yağı taşıyıcı yağları ile sulandırın. Çiğ lahana veya marul yaprağı uygulamak da yanmayı serinletmeye ve acıyı hafifletmeye yardımcı olacaktır. Masaj yapmayın, ovmayın ve herhangi bir maske kullanmayın.

Yine de korunma her zaman tedaviden daha iyidir, özelikle uzun süre güneşe maruz kalmanın cildin erken yaşlanmasına neden olduğu göz önünde bulundurulursa. Güneş ve cilt için bkn. Sayfa 8-11.

index

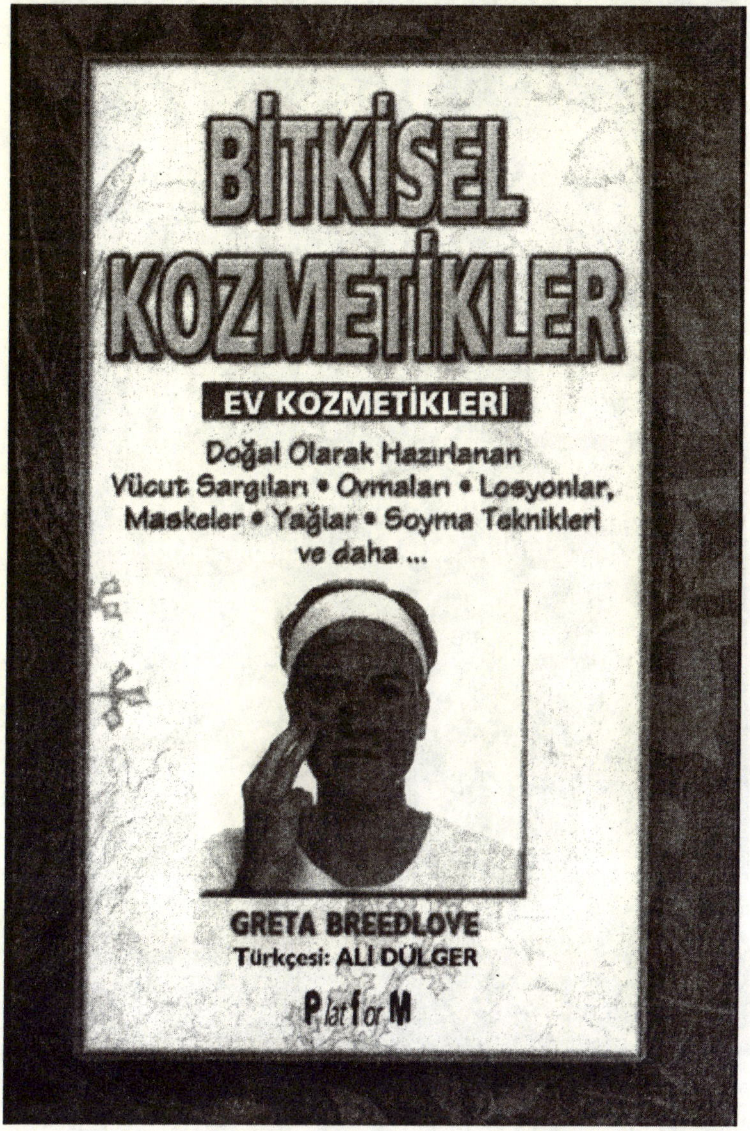
BİTKİSEL
KOZMETİKLER
EV KOZMETİKLERİ
Doğal Olarak Hazırlanan
Vücut Sargıları • Ovmaları • Losyonlar,
Maskeler • Yağlar • Soyma Teknikleri
ve daha ...
GRETA BREEDLOVE
Türkçesi: ALİ DÜLGER
PlatforM

MARY BETH JANSSEN
DOĞAL
SAĞLIKLI
SAÇ BAKIMI
Bitkisel Uygulamalar ve
Harika Saçlar İçin Günlük Bakım

DOĞAL YÖNTEMLERLE HAZIRLANAN

BİTKİSEL EV İLAÇLARI

JOYCE WARDWELL

TENTÜRLER, ÇAYLAR, MELHEMLER,
TONİKLER VE ŞURUPLAR İÇİN BASİT FORMÜLLER

PlatforM

Bitkisel Tariflerle
DOĞAL
CİLT
BAKIMI
Ömürboyu Sağlıklı Bir Cilt İçin
Cilt Bakımı İpuçları ve Teknikleri
STEPHANIE TOURLES
Türkçesi: Ali DÜLGER
PlatforM

DOĞAL YÖNTEMLERLE HAZIRLANAN BİTKİSEL
PARFÜMLER
KOLONYALAR
KOKULAR
KİŞİSEL KOKULARINIZI KEŞFETME VE HAZIRLAMA TEKNİĞİ
NANCY M. BOOTH
Türkçesi: Dr. ALİ DÜLGER

MICHAEL BEER
İNSANI
İKNA ETME
VE
KAZANMA
hücum hücum, herzaman hücum, soruna saldırı kişiye değil...

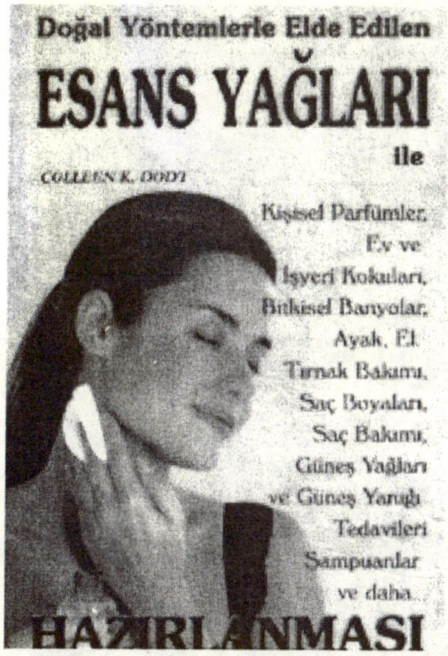
Doğal Yöntemlerle Elde Edilen
ESANS YAĞLARI
ile
COLLEEN K. DODT
Kişisel Parfümler,
Ev ve
İşyeri Kokuları,
Bitkisel Banyolar,
Ayak, El,
Tırnak Bakımı,
Saç Boyaları,
Saç Bakımı,
Güneş Yağları
ve Güneş Yanığı
Tedavileri
Şampuanlar
ve daha...
HAZIRLANMASI

BU KİTAP ABD'DE 2 MİLYONUN ÜZERİNDE SATTI
ŞİFALI
BİTKİLER
ANSİKLOPEDİSİ
John Lust
Türkçesi: ALİ DÜLGER
Şifalı Bitkiler ve Bitki Karışımları İçin Formüller
Baharatlar - Çaylar
Güzellik Bitkilerinden Doğal Kozmetikler
Bitkisel Kumaş Boyaları
Bitkiler ve Astroloji

AYURVEDA
&
AROMATERAPİ

Nergis ŞEKERCİOĞLU
PRATİK KULLANIŞLI
ŞİFALI BİTKİLER
ANSİKLOPEDİSİ
· BİTKİLERLE YAPILAN LOSYONLAR ·
BİLİM TEKNİK YAYINEVİ

%100 DÜŞÜNCE
GÜCÜ
VE BELLEK GELİŞTİRME
URSULA MARKHAM
ÖĞRENME VE HATIRLAMA YETENEĞİNİ
NASIL GELİŞTİRİRSİNİZ?

Bitkisel
Antibiyotikler
İlaca Dirençli
Bakterilerin Tedavisi
İçin Doğal
Alternatifler